クレーム図解法を使った特許出願書類作成の極意を教えます

の極意を教えます

発明・特許の悩みをすべて解決！

一般社団法人発明学会 ［監修］

知財創造コンサルタント
大浦昌久 ［著］

はじめに

　アイデアは考えつくだけではものになりません。

　素晴らしいアイデアを考え、簡単な試作を作り、アイデアの原理構造の確認が出来ました。多くの方が悩むのはここからです。特許出願の作成をしたいのですが、「特許の書類は何か難しい表現で、正しく表現しなくては」「特許公報を読んでも、特有な言い回しや、普段使わない用語があり…難解」というイメージがあるようです。

　私が受けもつ、発明学会の発明相談で一番多く聞かれるのは、「どこから手を付けて良いのかもわかりません」です。

　私は、『アイデア権利化のガイドブック』（発明学会発行）の出願書類の書き方を見ながら、書いて下さいと指導しています。アイデアの内容が一番分かっているのは、発明者なのでガイドブックに沿って、まずは自分で書けるところまで、自由に記載して下さいと指導を行なっています。

　しかし、明細書の中で一番重要なキーポイントとなる【発明を実施するための形態】の所の記載が不十分であることが目立ちます。どこまで説明するのかがわからないので、皆さん悩んでいます。

　特許出願書類を作成するには、「法律」と「技術」、両方の知識がないとまとめられません。

　「法律」の知識がある程度必要なのは、出願書類を作成するための作成ルールが、細かく規則として、定められているからです。

　「技術」は、出願書類には発明したアイデアの技術を説明し、そ

の説明した技術を独占的に権利化するために必要です。

　権利化するために、説明する技術の内容は、難しく表現することによって、他人に真似させないと、何か間違ったことが通説で広まっているようです。そのせいで、難しい文章を書くのは苦手だと、皆さんが敬遠するのは残念に思います。

　何故、文章が書けないのでしょうか。それは、いざ文を書くとなると、構えてしまうからです。文章に表現することは、自分の意思を伝えるためです。他人に意思を伝達するには、文字以外には言葉による伝達があります。

　本ガイドブックは「文」から始めるのではなく、まずは「言葉」を抽出し、図解することで、わかりやすくしました。基本ステップの順番に沿って、「明細書」の特に【発明を実施するための形態】の説明が簡単に書けるようになります。この【発明を実施するための形態】の内容が固まれば、【特許請求の範囲】の内容も決まります。

　私の教えている、東洋大理工学部の機械工学科・応用化学科の授業で過去 1600 人以上の学生が、クレーム図解法を用いることによって、明細書・特許請求の範囲等が書けるようになりました。

　是非このクレーム図解法を用いた明細書の書き方を広く活用してもらいたいとの思いで、筆をとった次第です。

目次

第1章

特許の豆知識

1. 知的財産権とは

　人間の幅広い知的創造活動の成果について、その創作者に一定期間の独占を、与えるようにしたのが知的財産権制度です。
　知的財産権のうち「**特許権**」、「**実用新案権**」、「**意匠**」、「**商標権**」の４つを産業財産権と言います。

【知的財産権の種類】

創作意欲を促進

知的創造物についての権利

特許権（特許法）	○「発明」を保護 ○出願から２０年 （一部２５年に延長）
実用新案権（実用新案法）	○物品の形状等の考案を保護 ○出願から１０年
意匠権（意匠法）	○物品のデザインを保護 ○登録から２０年
著作権（著作権法）	○文芸、学術、美術、音楽、プログラム等の精神的作品を保護 ○死後５０年（法人は公表後５０年、映画は公表後７０年）
回路配置利用権（半導体集積回路の回路配置に関する法律）	○半導体集積回路の回路配置の利用を保護 ○登録から１０年
育成者権（種苗法）	○植物の新品種を保護 ○登録から２５年（樹木３０年）

（技術上、営業上の情報）

営業秘密（不正競争防止法）	○ノウハウや顧客リストの盗用など不正競争行為を規制

信用の維持

営業上の標識についての権利

商標権（商標法）	○商品・サービスに使用するマークを保護 ○登録から１０年（更新あり）
商号（商法）	○商号を保護
商品表示、商品形態（不正競争防止法）	【以下の不正競争行為を規制】 ○混同惹起行為 ○著名表示冒用行為 ○形態模倣行為（販売から３年） ○ドメイン名の不正取得等 ○誤認惹起行為

産業財産権＝特許庁所管

知的財産権のうち、特許権、実用新案権、意匠権、商標権を「産業財産権」といいます。

　　　　　　　　出典：特許庁 HP より

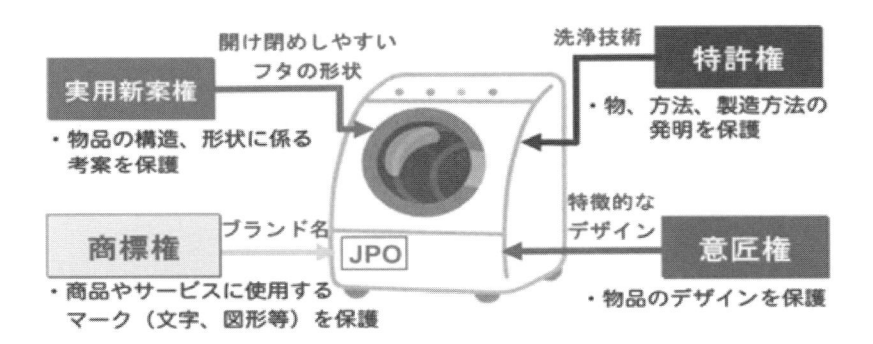

出典：平成 28 年度知的財産権制度入門（特許庁）

2. アイデアは特許と実用新案で保護されるが、出願は特許で

　実際、アイデアが浮かんで、出願しようとした時、「特許」か「実用新案」にするか、迷っている方が多いです。特許出願は年間 32 万件ありますが、実用新案は年間 7 千件弱と非常に少ないです。特許は高度な発明を対象にしているから、特許で出願するのは無理と決めつけていませんか。しかし、年間の出願件数からも、ほとんど特許で出願されているのがわかります。

　最初から「実用新案」の出願の考えではなく、工夫したアイデアであれば、「特許出願」に挑戦しましょう。

3. 実用新案制度と特許制度の違い

　特許にするか、実用新案にするか、選択する上の比較表ですので、違いを見極めて下さい。

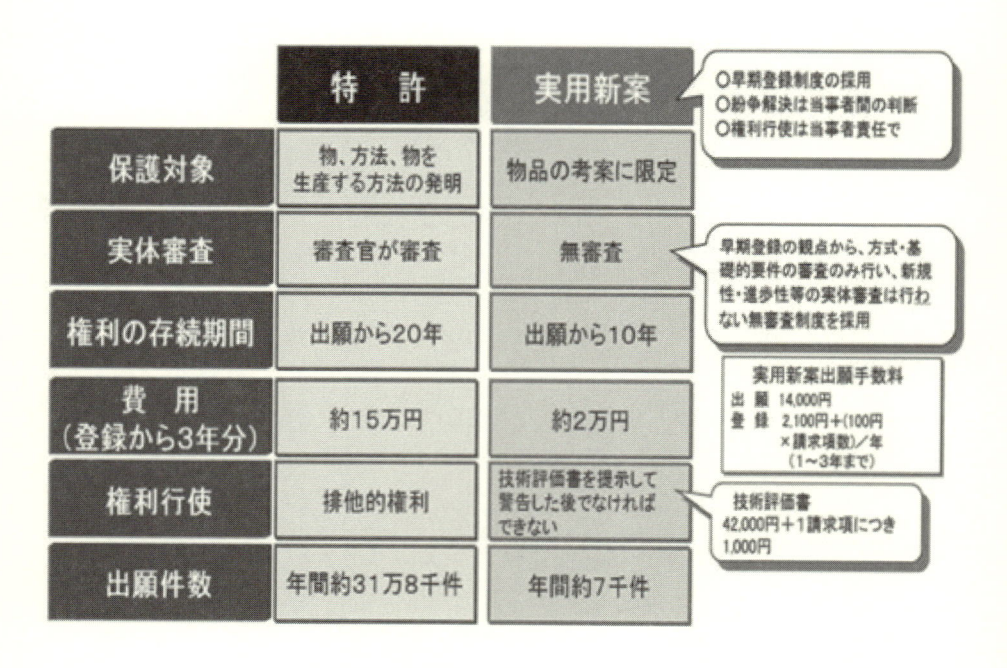

出典：平成 28 年度知的財産権制度入門（特許庁）

第 2 章

アイデアから
商品化までの道のり

1. 商品化までのステップを踏んでいこう

　私のところには、従来商品を改良し、「不」の付いた問題点を工夫して、アイデアが生まれたと言う方が相談に来られます。多くの方は一歩引いて遠慮しながら、考えたアイデアについて説明されますが、実は内心、ヒット商品間違いなしと、思っているのではと感じられます。もちろん、自信たっぷりに説明される方もいらっしゃいます。また、他人にアイデアを話すと盗まれてしまう、と心配される方も多く小声で説明する方もいらっしゃいます。

　ですが、一人で自分のアイデアを過大評価することなく、第三者に見てもらい、アドバイスを受けることが、商品化の一番の早道です。

　夢を持つことは必要ですが、商品化されるには、基本的な取り組みの多くのステップを踏んで、ステップごとの課題をクリアしていかなければなりません。

2. 商品化の相談は一般社団法人社発明学会で

　出願は特許事務所に依頼すれば、特許庁に出願ができます。しかしながら、弁理士は商品化のアドバイスはしてくれません。

　出願書類の作成や出願相談は、特許庁の工業所有権相談窓口や、弁理士会の無料相談、全国の発明推進協会で無料で行なわれています。その相談窓口で、商品化に関しての相談は、発明学会に行きなさいとのアドバイスをもらって、発明学会に入会される方が大変多いです。

　他に商品化のための相談を行なう団体もありますが、よくその相談内容や料金を確認して下さい。

　発明学会は会員になると、相談は無料ですので費用はかかりませんから、安心です。一般社団であることと、以前は科学技術庁の社団法人であったということで、営利主義ではなく、個人発明家の立場を一番にサポートしている団体です。

3. なぜ特許出願をするのか

　特許出願して登録することで、市場での独占権を取得することにより、実施料収入が得られます。

　また、出願して先願権を得ることによって、商品化の売り込みができます。出願をしないで、売り込みを行ない、商品化されても実施契約が締結できない場合があるので、出願後に売り込みをするようにしましょう。

　企業では、開発の成果を出願することによって、競合企業に対して、商品化の抑止力としています。

　まれにですが、「一生の思い出に」と、商品化ではなく、後世に残すために出願するという方もいらっしゃいます。

4. インターネットでの情報収集は欠かせない

　アイデアを考えたら、そのアイデアがでまわるであろう「市場」と「すでに出願されているかどうか」を調べないと、その評価はできません。

　発明相談で、よく聞かれるのは「このアイデアは商品化できますか」、つまり市場で販売できて、売れるものでしょうかという問いです。正直、これは困った相談です。誰もが売れると思って、相談に来られていると思います。

　しかしその前に、そのアイデアが市場でどこのポジションにあるかを調べる必要があります。それは、ご自分でしっかりと市場調査や先行技術調査をして、確認するべきことです。

　つまり、このアイデアの商品の市場はこのような状況にあるので、自分の考えたアイデアは、先行商品と比べて、このような特徴があり、差別化された特徴があるので、売れる商品だと思っている、等の情報を提供して頂けると、質問に対してコメントができます。しかし、その情報提供もなく、いきなり売れますかと聞かれても正直、コメントできませんね。

　そこで、相談の際は当方より上記の市場についての、聞き取りをして、どのような調査をすることが必要ですと、お伝えします。

★先ずは2つの調査をお願いします。
①市場で類似の、商品が販売されていないか？
□同じような商品は、どこのお店で売っているか、それらのお店を　回って情報収集しましたか？
□お店の人に、聞いてみましたか？
□カタログを見て情報集してみましたか？
□インターネットで検索してみましたか？

②特許の先願調査を行ないましたか
□特許情報プラットフォーム（特許庁のホームページから無料で調査可することができます）で検索してみましょう。

①と②の調査は、いずれもインターネット検索で、調査するのが主流になっています。この環境がなくても、自分で調査出来る範囲で情報収集してみましょう。
　以上の2点を行なって、類似のモノがあれば、その内容と比較してみて下さい。その上で、そのアイデアが新規性、進歩性があるかを判断します。これをクリアできれば出願できます。
　売れるかどうかは、商品企画書を作成して、アイデアの特徴をアピールする、プレゼン書にまとめあげることが、大切です。

特許庁 HP　特許情報プラットフォーム

★主婦の個人発明家Ａさんが考えたアイデアが、市場ですでに販売しているかを調べるには？

　Ａさんの子供はまだ幼稚園児です。雨の日に傘をさしますが、前が見えないぐらいにさして歩いているので、とても危険で、傘が透明か一部傘が透明になっていると安全だと考えました。
　インターネットで検索してみます。主な検索サイトで説明します。

①グーグルの検索トップページ

②ヤフーの検索トップページ

「検索キーワードボックス」に、商品名、検索キーワードなどを
入力してください。①②とも検索手順は同じです。

| 傘　前が見える　透明 | と入力します。

　次に、| 検索 | をクリックすると、90万件のサイトがヒットし
ました。

　これはウェブ検索でしたが、「画像」検索をすると便利です。

ウェブ　**画像**　動画　辞書　知恵袋　地図　リアルタイム　一覧 ▾

| 傘 前が見える 透明 | ✕ | 🔍 検索 | ＋条件

「画像」を選んでから、検索をクリックすると

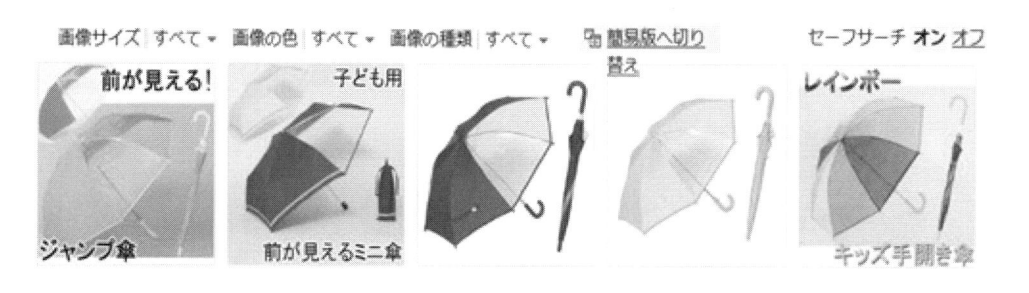

画像サイズ｜すべて ▾　画像の色｜すべて ▾　画像の種類｜すべて ▾　　簡易版へ切り替え　　　セーフサーチ **オン** オフ

前が見える！　　子ども用　　　　　　　　　　　　　　　　　　　　レインボー
ジャンプ傘　　　前が見えるミニ傘　　　　　　　　　　　　　　　キッズ手開き傘

　このように、画像データのみがリストアップされて見えるので、
わかりやすいです。

　市場ですでに商品化されているかを調べるには、このようにイ
ンターネットを用いた検索が便利ですので、活用して下さい。

5.売り込みのときの、「商品企画書」を作成するポイント

　市場で、「売り込む商品」の類似商品は、どのようなモノがあるか、把握すること。「売り込む商品」が出来上がる過程の中で、ステップごとの「アイデア」がどのポジションに位置しているかを、知ることです。

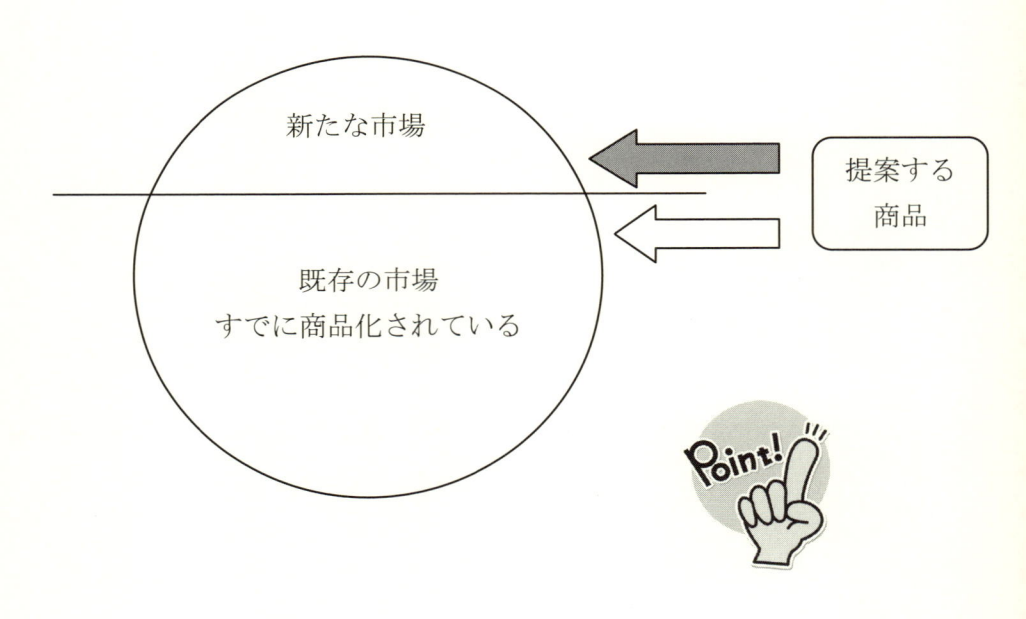

第 3 章

明細書作成の基本

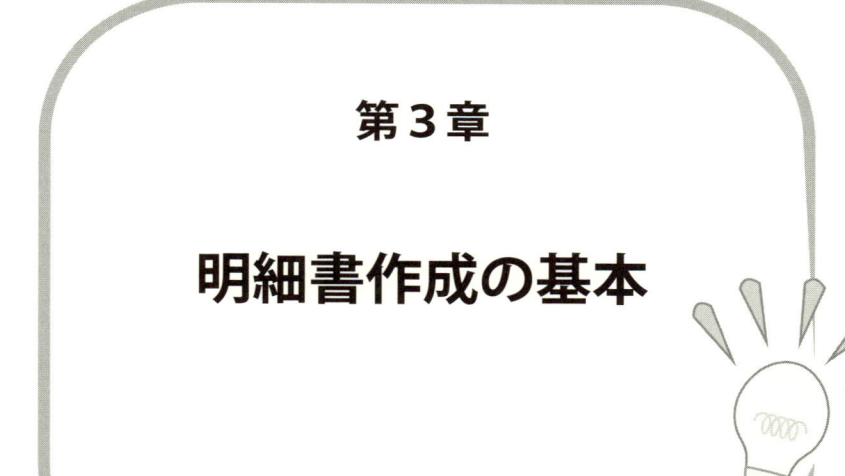

1. 特許出願書類とは

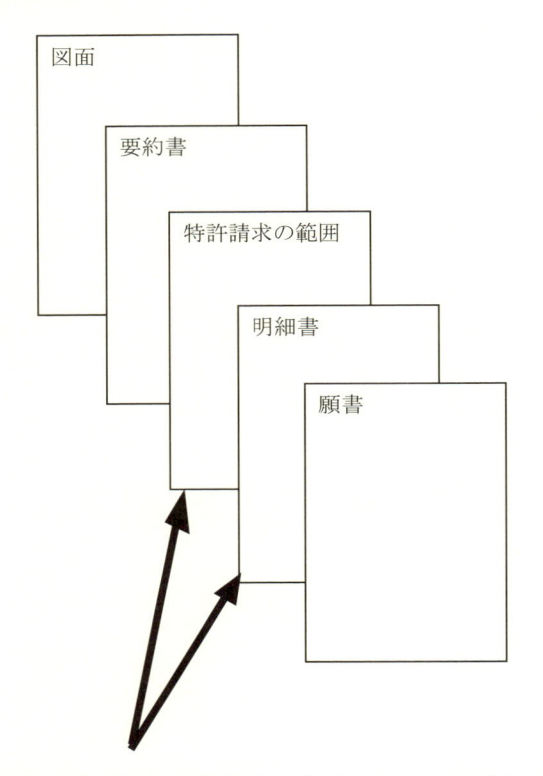

　以上の書類を作成して特許庁に提出する必要があります。

　本書では、「**明細書**」「**特許請求の範囲**」を作成するのに、**クレーム図解法 © を用いて行ないます。**

　初めて出願書類を作成するには、発明学会の『アイデア権利化のガイドブック』をまずお読みいただき、作成に取りかかりましょう。書式については、特許法施行規則で定められていますので、特許庁のホームページにて確認する事をお薦め致します。

　出願書類の書式をダウンロードするには、特許庁のホームページ又は「産業財産権相談サイト」を利用しましょう。

2. 特許出願する前に、確認して理解しておくこと

　明細書を作成する上で、
「法律」書類作成する上のルール（施行規則）
「技術」アイデアの内容
を理解しておく必要があります。
　※技術とはアイデアの中身です。その技術は技術分野に分かれていますので、該当する技術分野の中身と技術レベルを知ることが、とても重要になります。

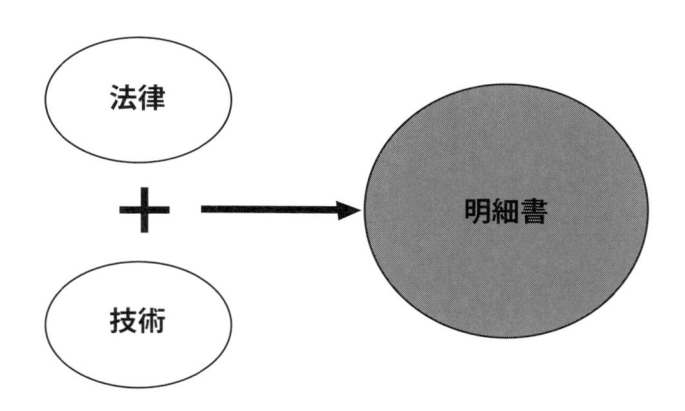

3. 特許の審査基準のポイント

特許出願するには「法律」を理解する必要があります。しかし、初めて特許出願にチャレンジする方が、それを理解するには少々難し過ぎます。

ここでは、特許庁で決められたルールをもとに、出願の内容をチェックできますので、概要としてどのようなルールがあるのかを、まずは知って下さい。

特許の審査基準や審査の運用に関しては、特許庁審査第一部調整課審査基準室がまとめた資料があります。詳しい内容は特許庁のホームページに掲載されています。

https://www.jpo.go.jp

審査基準とは

出願の審査が一定の基準に従って、公平妥当かつ効率的に行なわれるように、まとめられたものです。特許の審査基準の内容については、特許庁のホームページで確認して下さい。

出願書類を作成する上でのルールが示されています。出願に当たり、必要最低限は理解しておく事が必要です。

特許権の権利範囲は明細書等の記載により判断されます

特許出願にあたり、出願書類を作成しますが、アイデアの内容を権利化するには、どの書類に記載するのかわかりますか？

また、自分の特許権のどこが権利範囲なのか、知っておくことが必要です。

多くの人は自分の考えたアイデアを独占したい、つまり他人に真似されたくないと思います。それは自分の思いであって、独占するための自分の技術を具体的に開示することが求められます。

　何となく、出願書類を作成することはできません。目的意識を
持って、出願書類の作成にトライすることです。この特許権の権
利範囲を決めるのは、出願の時に作成して提出する明細書等の記
載が基本となります。

　特に「特許請求の範囲」に記載された技術内容に基づいて、技
術範囲が決まります。その重要な、技術範囲を記載するには「明
細書」「図面」の内容がキーポイントになります。そのため、本
書ではこの「明細書」と「特許請求の範囲」を、初めて出願書類
を作成する方でも、記載できるやり方を示します。

４. 特許を受けることができる・できない発明とは

　次頁のフローチャート図を参照して、対象となるアイデアが１
〜６の項目に該当するかを当てはめて、各項目でクリア（YES）
になり、特許に到達するかどうかの判断に使ってください。

　フローチャートでクリアできたら、以下の内容についても確認
することが必要です。

■特許法上の発明か

　自然法則を利用していること。

　自然法則を利用していない例：計算方法（数学の法則はダメ）、
ゲームのルール、永久機関（自然法則に反するものはダメ）、自
然法則自体（自然法則そのものはダメ）

■創作か

　新しい技術を創り出すこと（発見はダメ）。

　その技術は高度かどうか（新しい機能を発揮する改良技術で良
い）。

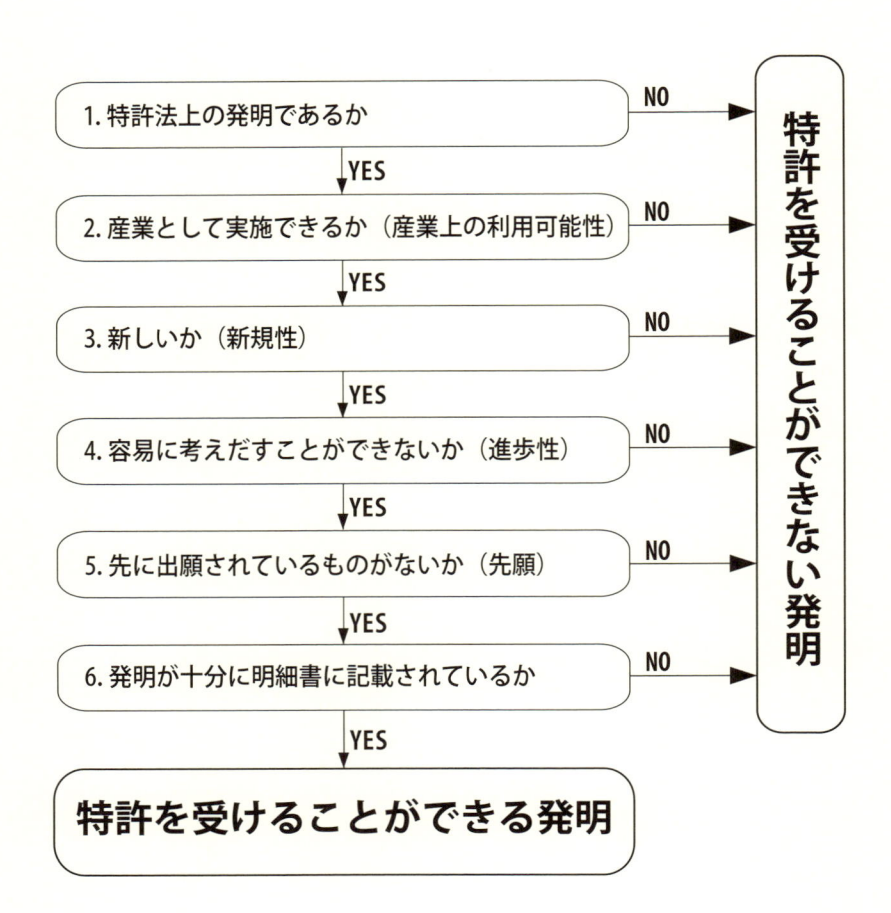

1. 特許法上の発明であるか — NO →

↓YES

2. 産業として実施できるか（産業上の利用可能性）— NO →

↓YES

3. 新しいか（新規性）— NO →

↓YES

4. 容易に考えだすことができないか（進歩性）— NO →

↓YES

5. 先に出願されているものがないか（先願）— NO →

↓YES

6. 発明が十分に明細書に記載されているか — NO →

↓YES

特許を受けることができる発明

特許を受けることができない発明

　※特許出願は 32 万件、実用新案は 7 千件弱（年間件数）とい
うデータより特許出願内容のハードルが下がっているともいえま
す。

■産業上利用できるか

　産業上利用できないものは受けられません。

　明らかに実施できないもの。例：紫外線を防ぐために地球全体
を紫外線吸収材で覆う、等。

　個人的にのみ利用されるもの。例：猫舌向けのお茶の飲み方

■新しいかどうか

　今までにない「新しい技術」でなければ、特許は受けられません。

　新規性がないとされるもの。例：特許出願前に公然知られた発
明、特許出願前に公然実施された発明、特許出願前に書籍に掲載
された発明、出願前にインターネットで公表された発明。

※用語の解説

「公知」とは公然知られた発明。不特定の者に秘密でないものと
してその内容が知られている発明。

「公用」とは公然実施された発明。その内容が公然知られる状況、
または公然知られるおそれのある状況で実施された発明。

　気をつけたいのは、自分の発明の新規性喪失を自分で喪失させ
る行為です。

①特許を出願する前に展示会に出展する行為

②特許を出願する前にインターネットで発表する行為

③特許を出願する前にテレビ、新聞、雑誌に発表する行為

アイデアを早く商品化したいとの思いで、軽率な行動をすることがありますので、十分注意して下さい。

喪失させた場合の救済措置がありますので、以下に説明します。

例外的に救済が受けられる場合

○試験を行なう
○刊行物に発表する
○インターネットで発表する
○集会（学会等）で発表する
○展示会（博覧会等）で発表する
○販売する
○記者会見をする
○テレビ・ラジオで発表する

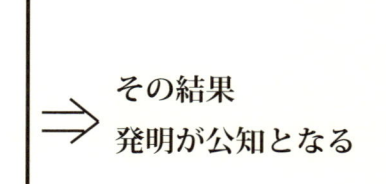

その結果
発明が公知となる

この例外的救済を受ける場合は、公開された日から6月以内に例外規定の適用を受けたい旨の書面を特許出願と同時に提出しなければいけません。

■容易に考え出すことができないか

進歩性がないとされるものとして、「当業者」が従来技術から容易に考え出せるものは該当します。

進歩性がない例：従来技術の寄せ集め、構成要素の一部を他のものに置き換えたもの

進歩性がある例：簡単に考えつかない構成で、予想がつかない効果があるもの、簡単に考えつかない構成で、顕著な効果があるもの

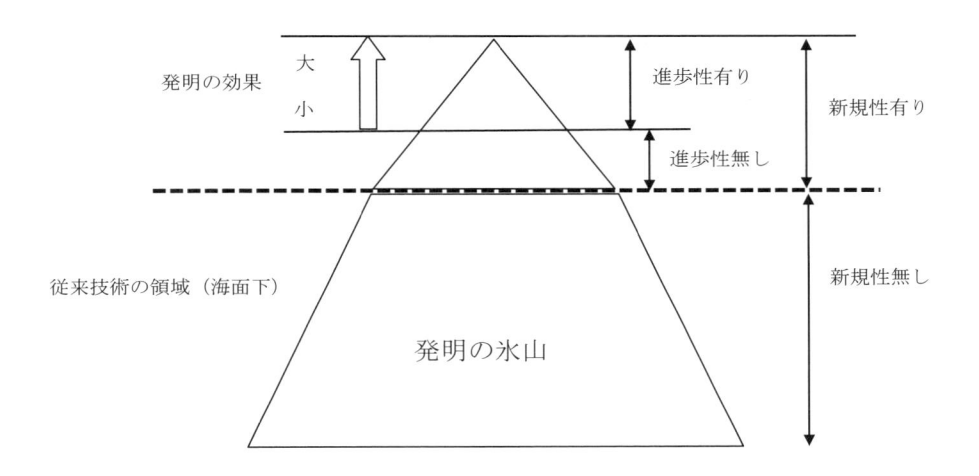

　アイデアの評価は「新規性」と「進歩性」について、同一分野での従来技術のレベルを知ることが一番です。市場と先行技術を自分のできる範囲で調査しておくことで、出願のリスクを軽減することができます。

　特許庁の審査過程では専門の調査担当が調査した結果を審査官に報告しますので、自分で調べるには限界がありますが、調査だけは行なうようにしましょう。

　事業化するには、特許調査会社にお金を払ってでも、調査することは当然のことです。

　自分のアイデアが、図に示した発明の氷山のどこのポジションに位置しているのかを知ることが、重要です。
それによって、更なる工夫をプラスして付加価値のあるアイデアに仕上げる必要があります。

■先に出願されているものはないか

Aさんは6月1日に出願 Aさん 特許になる	VS	Bさんは6月2日に出願 Bさん 特許にならない

　※同一の発明について出願があったときは、最先の出願人のみが特許を受けることが出来ます。……先願主義（特許法 39 条）

■公序良俗に反しないか
　紙幣偽造機械　（印刷機械であれば○）
　金塊密輸用ベスト（収納ポケット付きベストであれば○）
　有害物質を塗布したセルロイド玩具

　※公序良俗違反（不特許事由）に該当しないか（特許法 32 条）。

■明細書等の記載は規定どおりか
　詳細な説明の記載要件
○明確かつ十分に当業者が実施できる程度に記載されているか。

　特許請求の範囲の記載要件
○発明の詳細な説明に記載されたものであること。
○特許を受けようとする発明が明確であること。
○請求項ごとの記載が簡潔であること。

　※明細書・特許請求の範囲の記載がいかに重要であるかが、理解できたと思います。この内容を記載する上で、クレーム図解法を用いることにより、記載要件の補完ができます。

５.「明細書をやさしく書くための文章術」を心掛けよう

いい文章とは何か

○何の抵抗もなく、すらすら読んでいける文章。

○一読しただけで、さっと内容がわかる文章。

○事実が正確に伝えられる文章。

明細書を書く段階での、文章面の注意事項

○誰もが、普段使っている用語を使う。

○正確な技術用語を使う。

○使い慣れた言い回しをする。

○文は短く、構文は単純にする。

○飾りの表現は使わないようにする。

特許明細書をやさしいものにするには

○一般に文が長すぎる。短くするように心掛ける。長くても
２００字以内が一区切り（段落番号の目安にしてください）。

○独特の新造語が多い。勝手な造語は出来るだけ慎む。

○むやみに漢字を使いすぎるな。漢字は原則として常用漢字に制
限し、使う分量も減らす。

○請求の範囲の記載は長ったらしくて不明確になりがち。箇条書
きを利用することも考える。

○詳細な説明の記載が乱れがち。きちんと整理整頓した書き方と
するため、内容ごとに見出しをつけるようにしてみる（現行では
項分け記載になっています）。

○口語体で書く。

○句読点は正しく打つ。

○仮名遣いを正しく。

○送り仮名も正しく付ける。

『特許明細書の文章術』山田康生（元特許庁審査官・弁理士）著（発明協会刊）より引用

　※明細書を作成する上で、とても良い本です。

技術用語を知るにはどうするか

○同じ技術分野の公報が、良いお手本です。代理人が記載されている公報を選んで参照してください。

○出願のプロが書かれている明細書が一番の教科書です。

○用語を選んだり、意味を理解する参考書としては、『特許技術用語集』『特許技術用語類語集』（日刊工業新聞社刊）がお薦めです。

明細書には、発明の構成を書くことが必要です

　発明の構成とは、ある技術的課題を解決しようとして案出された技術手段のことです。自分のアイデアは技術と読み替えて下さい。この技術手段の組合せから成立っているのがアイデアです。

　アイデアを分解して、どのような部品（構成）から組み上がっているかを見分けましょう。

　構成とはわかりやすく説明すると、Ａ＋Ｂ＋Ｃ＋Ｄ…などから成立っています。このＡ〜Ｄの用語（言葉・部品……）が何かを具体的に示す必要があります。

　この「発明の構成」をどのように抽出するかを容易にすることを可能にするのが、「クレーム図解法」です。用語（言葉）の抽出が出来れば、明細書の50％は完成したと思ってください。

　一つ一つの言葉（用語）をつなげていくことに

よって、文章ができあがっていきます。まずは、言葉（用語）を
選ぶことが重要です。

用語の項目別抽出ヒント例

　クレーム図解法のシートにどのような言葉（用語）を用いるの
か、是非ヒントにして貰いたいのが、次からの表にまとめた用途
別の使用例です。参考にして選んで下さい。

物の用語	使　用　例		
物	含有物	構造物	不純物
方	一方	下方	前方
機	印刷機	電動機	測定機
器	受信器	洗浄機	金具
具	保持具	取付具	締付具
部	下部	検出部	挟持部
計	時計	表示計	記録計
盤	制御盤	操作盤	

部品の用語	使 用 例		
台	支持台	取付台	受け台
板	案内板	傾斜板	固定板
棒	連結棒	案内棒	芯棒
柱	円柱	支柱	脚柱
杆 カン てこ	連結杆	作動杆	駆動杆
軸	回転軸	固定軸	支軸
管	金属管	接続管	中空管
筒	外筒	回転筒	案内筒
壁	周壁	側壁	内周壁
口	挿入口	投入口	開口
手	取手	継手	長手
腕	支持腕	揺動腕	腕
爪	係合爪	送り爪	係止爪
片	押圧片	可動片	作動片

材質・形状 の用語	使 用 例
部材	部材
材	吸着材　保持材　弾性材
形	円錐形　外形　楕円形
型	一体型　馬蹄形　金型
状	U字状　球状　蛇腹状
点	交叉点　支点　接触点
線	引出線　中心線　平行線
面	凹凸面　切断面　両面
体	受光体　単体　非磁性体
角	鋭角　回転角　視角
辺	周辺　短辺　長辺
円	楕円　同心円　半円
間	隙間　空間　長時間
隙	間隙　空隙　細隙
条	軌条　突条　線上
溝	V溝　案内溝　挿入溝
穴	貫通穴　長穴　小穴
凹凸	凹凸　両凸
突	突出　衝突

位置・取付の用語	使　用　例		
位	部位	下位	上位
置	設置	配置	放置
上	仕上	卓上	引上
下	落下	以下	垂下
中	途中	液中	空中
心	軸心	中心	同心
芯	巻芯	軸芯	鉄芯
内	案内	管内	体内
外	以外	取外し	内外
底	底	眼底	海底
側	両側	下側	反対側
周	円周	外周	全周
縁	外周縁	周縁	絶縁
端	一端	下端	先端
近	近傍	接近	付近
方向	双方向	軸方向	縦方向
向	対向	傾向	配向
付	取付け	組付け	押付け
着	圧着	吸着	脱着
合	接合	係合	結合
込	押込む	巻込む	取込む
接	当接	間接	密接
続	接続	連続	継続
通	貫通	普通	導通
掛	引掛け	腰掛	巻掛け
架	懸架	高架	吊架
嵌カン　はめる	遊嵌	嵌合	
囲	周囲	範囲	包囲
止	係止	停止	抑止
支	軸支	支点	
在	自在	混在	介在
成	構成	形成	作成
態	形態	状態	事態
置	位置	設置	配置
設	埋設	立設	架設
備	整備	設備	装備

作用・機能の用語	使用例		
動	移動	起動	作動
回	転回	回動	千回
立	自立	直立	泡立て
倒	傾向	転倒	
触	接触	感触	点接触
切	仕切り	歯切り	締切
断	遮断	横断	破断
分	配分	区分	部分
離	隔離	剥離	分離
出	検出	流出	吹出し
入	混入	侵入	出入り
移	移動	転移	偏移
送	移送	搬送	転送
脱	離脱	着脱	
散	飛散	拡散	発散
圧	押圧	加圧	転圧
作	工作	操作	動作
定	一定	固定	安定
力	外力	駆動力	入力

効果・目的の用語	使用例		
性	吸収性	収縮性	浸透性
化	軟化	変化	省力化
度	強度	解像度	自由度
率	弾性率	圧縮率	比率

出典　『特許・実用新案のすべて「明細書の上手な書き方」』
日本実業出版社

難解用語の紹介

明細書・特許請求の範囲の中には、聞きなれない用語が記載されています。基本的には誰もが使っている用語を用いることが原則です。

しかし、この難解用語を使うと表現しやすくなる側面もあります。自分では使っていなくても、公開公報等を読むときに、難解用語に出会うと、どのような意味なのかを理解しないと、正しく技術を把握することができません。

用　語	用　語　の　意　味
軸架する	部材間に回転可能に軸を架け渡すこと
遊架する	遊びをもたせて架け渡すこと
係回する	係り合わせてめぐらすこと
旋回する	ぐるりと回ること、ぐるぐる回ること
外嵌する	外側に嵌めること
挿嵌する	挿し込んで嵌めること
遊嵌する	遊びをもった状態に嵌めること 嵌めたものと嵌められたものとが互いに動けるように嵌めること
嵌合する	形状があったものを合わせること
係合する	係わり合うこと、係わり合わせること
押止する	押さえて止めること
係止する	係わり合わせて止めること
軸支する	軸を回転可能に支持すること
枢支する	凸部分と凹部分で回動自在に支持すること
挟持する	挟んだ状態で支持すること
吊持する	吊り下げて保持すること
保持する	支持された状態を保つこと
突出する	突き出ること、突き出た状態であること
形成する	目的にあった形にすること
架設する	架け渡して設けること
係脱する	はずすこと
着脱する	着けたり、はずしたりすること
載置する	載せて置くこと
巻着する	巻いた状態にくっつけること
嵌通する	嵌め込むようにして通すこと
回動する	正逆両方向に円運動すること

６．最初に、図面の作成が絶対に必要

　明細書の記載ではアイデアの構造（技術）等を示すには、図で表現する必要があります。図が正確でないと技術の内容が正しく、伝わりません。先ずはラフスケッチで描き、出来れば立体図（斜視図）で描くことをお薦めします。

　図はラフスケッチ程度であっても、構造が伝われば大丈夫です。明細書の内容をどのように記載するかと心配する前に、必ず図を作成して下さい。図が不正確ですと、アイデアの内容の説明が出来ないことがあります。

　※図を描くことが苦手な人は、ご相談下さい。図を作成するプロがお手伝いを致します。

７．特許出願を特許事務所に依頼する場合の判断について

　出願する方のお話をうかがってみると、特許出願書類を自分で作成するには、ハードルが高くて出来ないので、取りあえず特許事務所にお願いする、というケースが多いようです。

　確かに、発明の内容が余り固まらず、図面も書けないし、どうしたら良いのか分からないので、知人の知っている特許事務所を紹介して貰い依頼した、またはネットで探して依頼しましたという話をよく聞きます。

　費用はどのくらいかかりましたかと、尋ねると30万〜50万円、審査請求書等含めるとトータルで100万円かかりましたなどと聞きます。その値段は特に高くはないと思います。

　自分が書類を作成できない場合でも、依頼すると図面もしっかりと描いてくれ、先行技術調査をし、アイデアをプラスして発明を完成して貰えます。その報酬としては高くはないと言えます。

　しかし、個人発明家には50万円〜100万円を投資して、結果、

アイデアが商品化できず、投資したお金が回収できないという方が多いです。

　会社として、又は商品化して事業化が決定しているのであれば、特許事務所の弁理士に依頼すべきだと思います。出願人に代わりしっかりと作成していただけますので。

　特許事務所に依頼するか決めかねている場合は、フローチャートに当てはめて、判断しては如何でしょうか。

　特許事務所の費用は一律の協定価格はなくなりましたので、特許事務所に確認の上依頼しましょう。弁理士の数は多く、中々仕事が回ってこない方もいます。弁理士会の登録もできない方もいると聞いています。費用も色々で３万円ほどで受ける弁理士さんもいらっしゃいます。会社で多くの出願を依頼する場合は、特別料金で仕事を受けている事務所もあります。

　自分で作成するのと、弁理士に依頼して作成してもらった結果は、当然弁理士さんの出願書類の品質が高いです。

　弁理士さんに依頼する場合、弁理士の技量を見極めるには、代理された出願の公開公報を提供してもらい、どのように作成されているかを見て判断するのも一つです。弁理士には得意不得意の分野がありますので、例えば意匠や商標に強い事務所もあります。外国出願に特化している事務所もありますので、出願の内容によって事務所を選択して下さい。

◆日本弁理士会について
　弁理士を探すには日本弁理士会のホームページの弁理士ナビから、選択して探せます。

▌弁理士ナビ

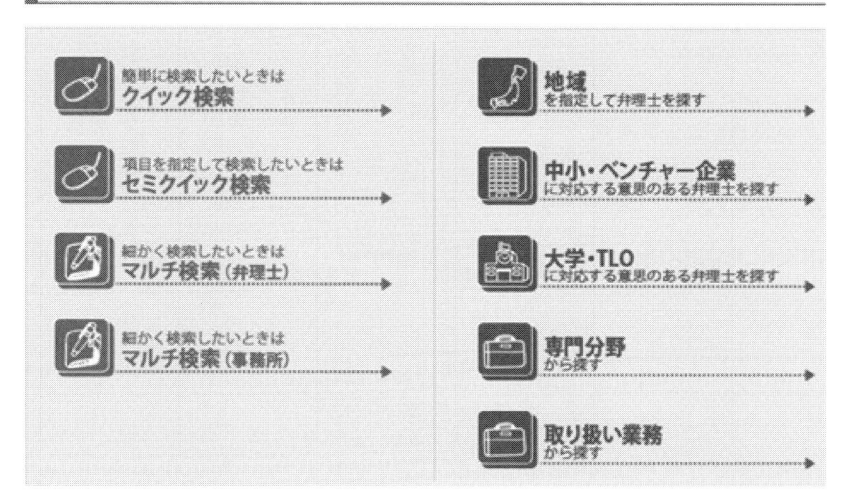

日本弁理士会 HP より

◆弁理士に頼むメリットとは

①特許や実用新案の観点から発明を的確に捉えて、最適な権利を出願できます。

②特許庁の審査に適切に対応し、最善の策を講じます。

③頻繁に行なわれる法律改正にも対応。知的財産に関する最新の知識に基づいて、適切な助言を受けられます。

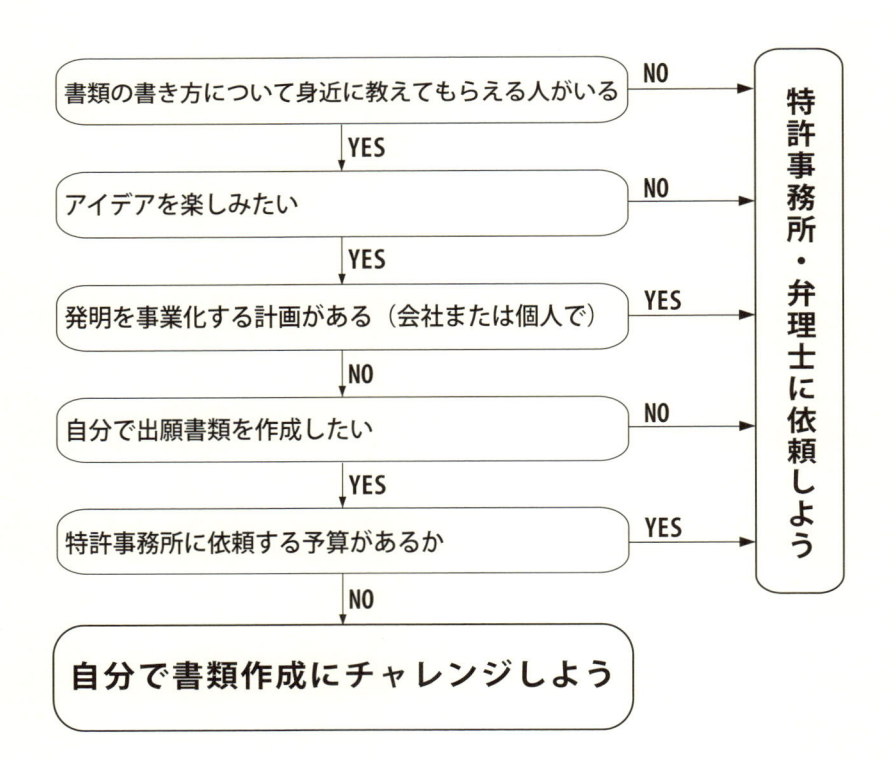

第4章

クレーム図解法とは何か

1. クレーム図解法とは

　クレーム図解法とは何か。これは私が知的財産権の大学の授業のために考え出した、方法です。大学では特許出願の書類を作成する演習が設けられていて、その授業のために出願書類（明細書・特許請求の範囲）を初心者でも簡単に書ける手法を考え、その手法を「クレーム図解法」とネーミングしました。

　技術知識もまだまだ不十分であり、特許法そのものについてもまだ入り口について学んだだけのレベルの方々に、短時間で特許出願書類が作成できるようするには、どのように教えた方が良いのか試行錯誤していた結果考えたものです。クレーム図解シートを用いることによって、クレーム（特許請求の範囲）をより具体的に、そしてもれなく丁寧に説明するためのものです。その下書き用のシートを考案しました。

　企業の知的財産担当部署にいたときは、新入社員教育の実務教育として、知的財産権についての講義がありましたが、その時はまだ、このクレーム図解のシートは思いつきませんでした。それは実践で経験を積んで特許出願書類が書けるようになれば良いとの考えがあり、早急に理解させる必要がなかったからです。

　特許出願書類の書き方の入門書は数多く出ていますが、実際に特許出願書類の中で重要な「明細書」「特許請求の範囲」の作成は、初心者の方が大変苦労するところです。残念ながら、今までは参考になる解説書はありませんでした。もし、そのような解説書があれば、明細書作成の技量もアップできたのではと思っています。

　発明の内容を部品に分解して、その部品がどのように組み立てられているかを、文章で説明する前に、図から部品に分解して、構造の説明をイメージしながら、自然に説明が出来上がるので、説明文を考えることなく文章を箇条書きに書きあげることができ

ます。

　ここでは、クレーム図解法の活用の仕方について、わかりやすく説明していきます。

クレーム図解シート

クレーム図解法を用いて書いてみよう

平成　　年　月　日

発明の構成要件を分解してみて下さい

①前提条件として何があるか？（主要部品のリスト）

②発明を図解してみて下さい
「どこに」「何を」「どのように」「何に」「何を」取り付けているのかを問いかけて書いて下さい

2. クレーム図解法のステップ

クレーム図解法は、次のステップにそってすすめていきます。下の表にしたがっていけば、明細書の記載までたどり着けるようになっていますので、順番にしたがってください。

ステップNo.	ステップの取組み内容	チェック欄	備考
1	発明の把握		
2	図を描きましょう		
3	部品名をつけましょう		
4	構成別に言葉を図解しましょう		
5	クレーム図解シートを用意しましょう		
6	クレーム図解法シートに、ブロックごとに部品を転記しましょう		
7	クレーム図解法シートを用いて書いてみましょう		
8	クレームシートから構造の説明を箇条書きにしてみましょう		
9	図に符号をつけましょう		
10	明細書の【発明を実施するための形態】の前段の構造説明を作成しましょう		
11	特許請求の範囲の案を作成してみましょう		

3. スタートは図の作成から

　まずは発明（アイデア）の内容がわかる図面を作成して下さい。できたら、技術用語・部品名・部位名・役割等の「言葉」（用語）を図から探し、抽出して下さい。

　言葉は、図から、とりだすだけでいいのです。

4. 文章を作ることを考えない

　図から言葉を抽出する、というのがポイントです。文章をつくろうと思うと構えてしまいます。また、うまく表現しよう、表現が幼稚過ぎないか等、気にしてしまいます。

　そこで、最初から文章は作らず、言葉を置いて並べることからスタートします。

　言葉は図面から、部品や機能・役割・動作等を言葉で置き換えることにより、その発明の構成をシートに転記して、図を言葉に変換していきます。ですから、言葉の重みが重要です。言葉をどのような表現にするかです。表現力を幅広くするには、言葉を多く自分のなかに持つ事が必要になります。

　文章に慣れるには、日頃から日記をつけることから始めてみましょう。毎日、一日を振り返り記録にとどめることにより、書くことが習慣づけされ、文章を書くことに慣れますので、今日から実行してみてください。

　日記は大学ノートの一ページを数段に分けて、一番上の段が一年目、二段目が二年目と、一冊のノートでつけると、自分の成長や出来事の変化がわかります。この日記のつけ方については、中学1年生の時、国語の先生から教わり、高校まで続けていました。

　今では、息子が毎日、実践しています。

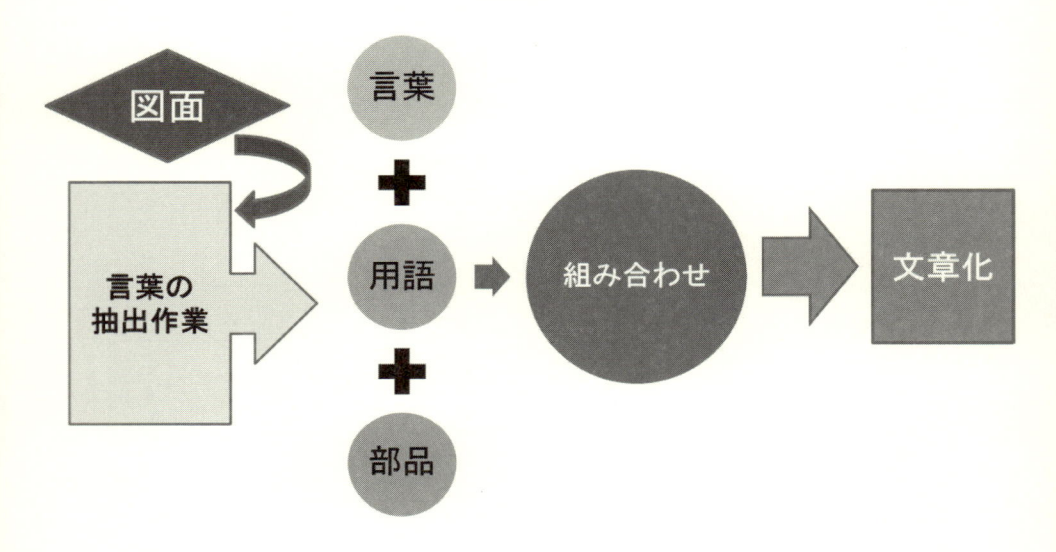

クレーム図解法の流れ

5.クレームシートの構造

　発明の本体は、いろいろなパーツでできていますが、それが大中小、様々なブロックに分けられるはずですので、まずはブロックに分けてみます。そのブロックはどんな部品で構成されているのか。それを樹木の枝のように図にしていきます。

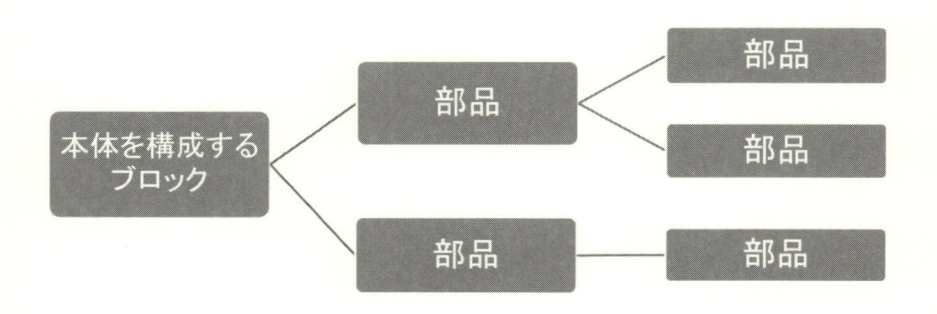

　明細書作成の仕上がりはクレーム図解シートの出来で大きく左右されます。

①図面からクレーム図解シートに正確に転写する。

②動きについても転写する。

③転写したクレーム図解シートから、発明の構造がイメージできるかチェックする。

④明細書の【発明を実施するための形態】へはクレーム図解シートから箇条書きで記載する。

⑤前段は構造、公団は発明を使用するときは、を必ず記載する。

⑥特許請求の範囲の必須の構成要件の記載漏れのチェックはクレーム図解シートで行なう。

６．５Ｗ１Ｈを問いかけると、スムーズにストーリーを描くことが出来る

何のために	ＷＨＹ
何を	ＷＨＡＴ
誰が（誰に）	ＷＨＯ
いつから（いつまで）	ＷＨＥＮ
どこから（どこに）	ＷＨＥＲＥ
どうやって	ＨＯＷ

　発明のストーリーを描くには、５Ｗ１Ｈで問いかけましょう。ストーリーを作るには、自分で以上の項目について、問いかけて下さい、自然にストーリーが出来上がり、問題も明確になります。

第 5 章

クレーム図解法を
用いた実例と解説

1. 例題1－消しゴムつき鉛筆の明細書作成

　実際の発明品にどのような明細書が書かれているのでしょう。実践してみるのが、明細書が書けるようになる一番の近道です。

　例題として、消しゴムつき鉛筆の明細書を一緒に作成してみましょう。クレーム図解法の1〜11のステップにしたがって取り組んでください。

ステップNo.	ステップの取組み内容	チェック欄	備考
1	発明の把握		
2	図を描きましょう		
3	部品名をつけましょう		
4	構成別に言葉を図解しましょう		
5	クレーム図解シートを用意しましょう		
6	クレーム図解法シートに、ブロックごとに部品を転記しましょう		
7	クレーム図解法シートを用いて書いてみましょう		
8	クレームシートから構造の説明を箇条書きにしてみましょう		
9	図に符号をつけましょう		
10	明細書の【発明を実施するための形態】の前段の構造説明を作成しましょう		
11	特許請求の範囲の案を作成してみましょう		

ステップ1．発明の把握

　発明（アイデア）の特徴は何か、がキーポイントです。その特徴を正確に・丁寧に・具体的に「表現する」ために、どのように組み立てられているのかよく観察します。

ステップ2．図を描きましょう

　現物があれば、それをスケッチして下さい。試作品があれば、それを基に発明がわかる図面を作成しましょう。図が苦手な場合は、試作があれば、それを写真に撮って、なぞってみて下さい。それなりのスケッチ図が出来ます。

　図が出来たら、部品に引き出し線をつけて下さい。そして、どのような部品から、成り立って組み立てられているかを確認して下さい。

　引き出し線の先を○で囲ってください。○の所には、符号（1、2、……）を入れますが、構造を説明するにあたり、どこを中心にしてから説明するか、がポイントになります。

　まずは、部品の所に引き出し線をつけて、○に符号をつけるのはあとからにしてください。

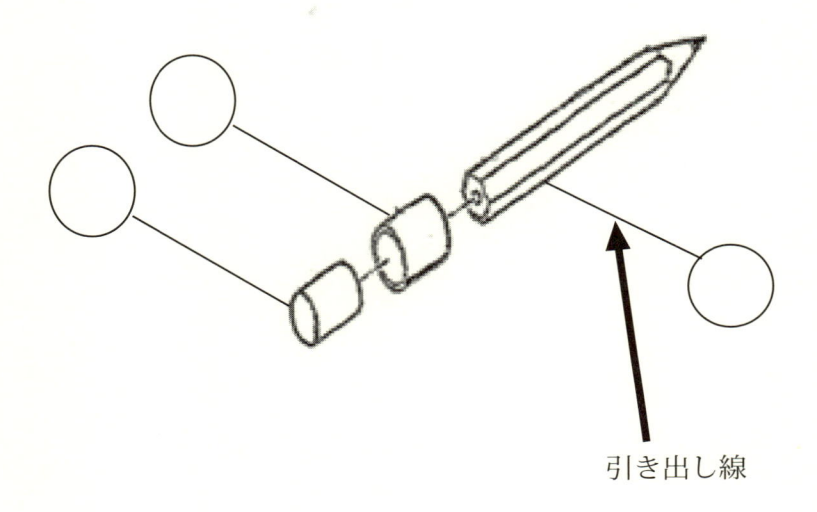

引き出し線

ステップ3．部品名をつけましょう

　消しゴムつき鉛筆の構成は、３つの部品にわけられます。

①鉛筆の本体
②円筒
③消しゴム

　部品の名前に困るのは、②の円筒と言う部品名ではないでしょうか。これは形状を表しているので良い部品名といえます。

ステップ4．構成別に言葉を図解しましょう

　各構成について、「言葉」を選んで該当する構成の所に、自由に置いて下さい。ブロックごとに並べましょう。

　消しゴムつき鉛筆の構造は、部品が少ないですが、構造を説明

するために、すべてに番号がつけられています。芯だけは番号が
つけられていません。

　それぞれの部品には、どのような構造があるのか、連想してみ
てください。

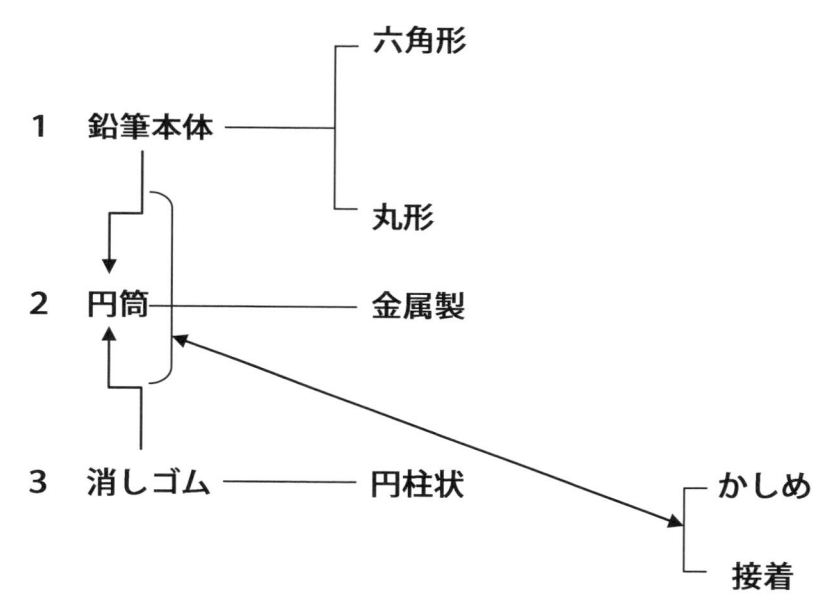

ステップ5. クレーム図解シートを用意しましょう

ステップ6.　クレーム図解法シートにブロックごとに部品を転記
しましょう

　この発明は①鉛筆本体　②消しゴム　③円筒の3つの部品から
成り立っています。「どこに」「何を」「どのように」「何に」「何を」
取り付けているのか問いかけながら、発明を図解してみてくださ
い。

　構造の中心はどこか、決めましょう。中心の「どこに」配置し

てあるかを、特定する必要があります。

　鉛筆本体にはどのような構造が考えられますか？
外観の形状としては…六角形・丸形・三角形等が考えられます。
材質としては…木材・プラスチック。

　図をよく眺め、すべての部品を取りだして分解します。部品を
［　　　　　　　］の中に記入します。ブロックごとに部品を［　　　　　　　］
に記入していきます。組み立て手順は→で示します。部品の配置
が決まったら次に状態を示していきます。アイデアの姿がみえて
くるまで自由に表現します。

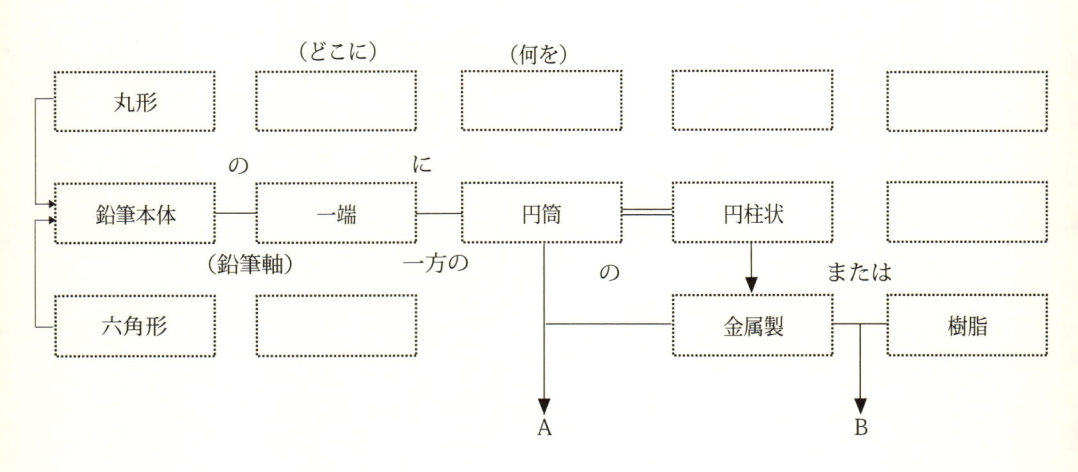

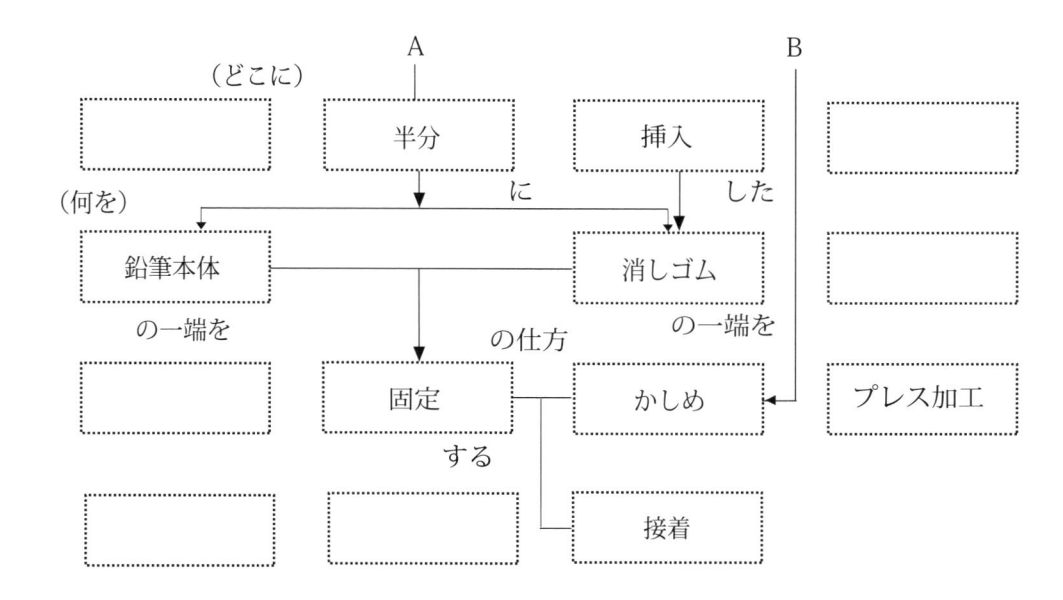

ステップ7. クレーム図解法シートを用いて書いてみましょう

　ブロックごとに書いた図解から、発明本体の中心となるブロックを見つけ出します。

　クレームシートに中心となる部品を書き込み、そこから全体を表していきます。

　シート全体を見た時に、その発明がイメージとして浮かぶことが必要です。組み立て＝設計図の役割になりますので、イメージが浮かばないシートでは正確に、構造説明をすることが出来ません。

1、発明の構成要件を分解してみて下さい

①鉛筆本体　②消しゴム　③円筒　の３つの部品から成り立っています。

2、本発明を図解してみて下さい

「どこに」「何を」「どのように」「何に」「何を」取り付けているのかを問いかけて下さい。

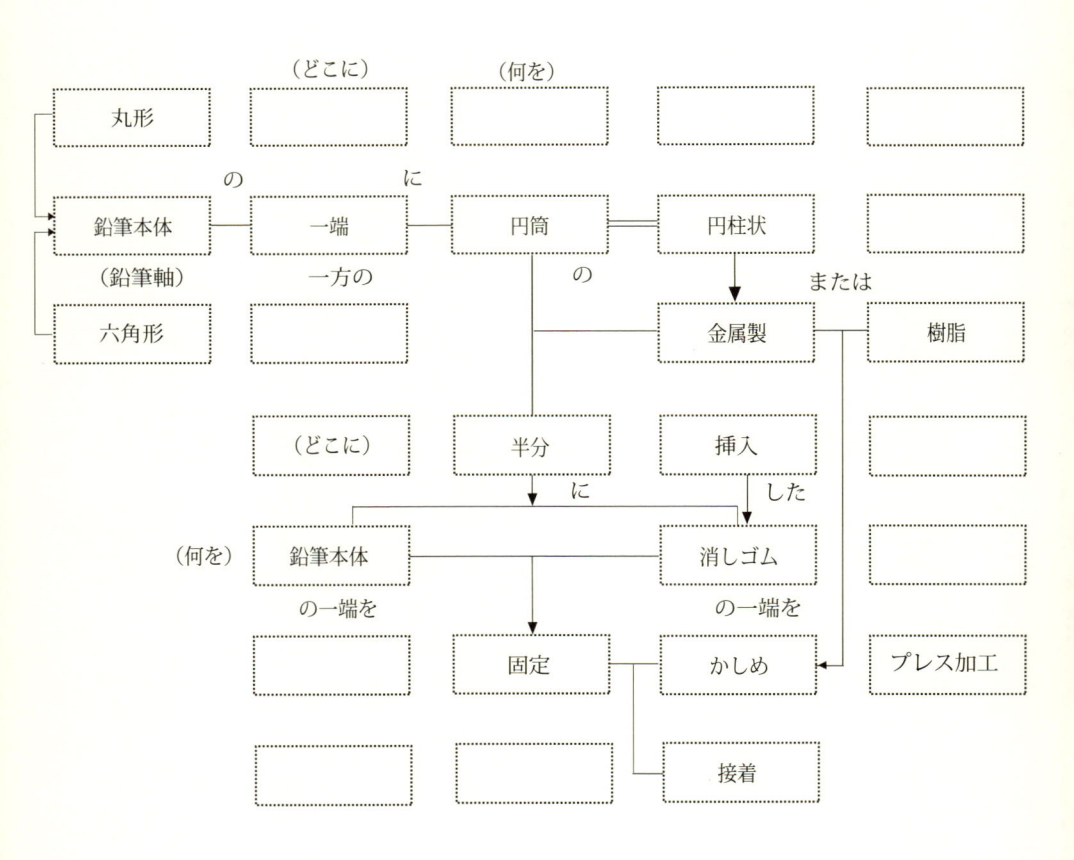

ステップ８．クレームシートから構造の説明を箇条書きにしてみましょう

クレーム図解シートに書き込んだ部品の配置系統図から、簡単に構造の説明を箇条書きにしてみましょう。

（イ）鉛筆本体の一端に円筒を取り付ける

（ロ）円筒の半分を鉛筆本体の一端に

（ハ）円筒の半分に消しゴムを挿入する

（ニ）鉛筆本体の一端の円筒をかしめて固定する

（ホ）円筒の半分に挿入した消しゴムをかしめて固定する

以上のように、構造の説明の骨格について、クレーム図解シートに沿って口頭で説明して、「どこに」「何を」「どのように」と問いかけていくことによって、自然に文章ができあがります。

ステップ９．図に符号をつけましょう

説明する順番にしたがって、部品のところに、数字の１から順につけてください。

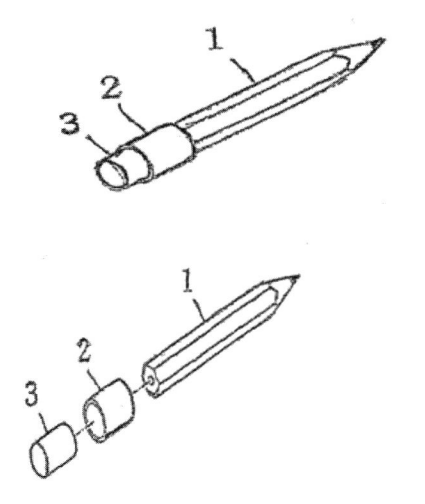
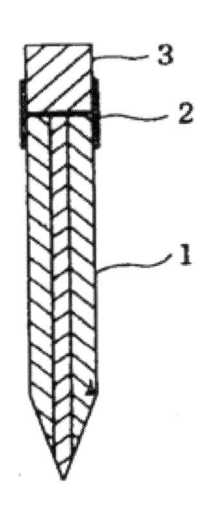

ステップ10. 明細書の【発明を実施するための形態】の前段の構造説明を作成しましょう

　ステップ8で箇条書きにした内容を、明細書の【発明を実施するための形態】の記載内容にアレンジする必要があります。

【発明を実施するための形態】
　以下、本発明を実施するための形態について説明する。
（イ）六角形の鉛筆の軸（1）の上部の一端に金属製の円筒（2）を設ける。
（ロ）円筒（2）に円柱状の消しゴム（3）を差し込む。
（ハ）鉛筆の軸（1）の上部に差し込んだ円柱状の円筒（2）と消しゴム（3）を差し込んだ下端部箇所の円筒（2）の上下をそれぞれ数箇所かしめること によって、円筒（2）を介して消しゴム（3）と鉛筆の軸（1）を連結し固定する。
　本発明は、以上のような構造である。
　本発明を使用するときは、六角形の鉛筆の軸（1）と一体になったこの小さな消しゴムで鉛筆の柄をもって間違った文字などを消せば良い。このことによって鉛筆の紛失が防げる。

ステップ11. 特許請求の範囲を記載してみよう
箇条書きの書き方例
例1
【書類名】特許請求の範囲
【請求項1】
（イ）鉛筆の軸（1）の一端に円筒（2）を設ける、
（ロ）円筒（2）に消しゴム（3）を設ける、
　以上の構成よりなる消しゴムつき鉛筆。

　※箇条書きの場合も、一文の原則は守って、「。」は最後だけに用いて下さい。

例2
【書類名】特許請求の範囲
【請求項1】
鉛筆の軸（1）の一端に円筒（2）を設け、円筒（2）に消しゴム（3）
を設けた消しゴムつき鉛筆。

多項制での書き方例
【書類名】特許請求の範囲
【請求項1】
鉛筆の軸（1）の一端に円筒（2）を設け、円筒（2）に消しゴム（3）
を設けた消しゴムつき鉛筆。
【請求項2】
円筒（2）に消しゴム（3）を挿入し、これを鉛筆の軸（1）にかしめて固定した請求項1の消しゴムつき鉛筆。
【請求項3】
消しゴム（3）に接着剤をつけ、これを鉛筆の軸（1）に接着した請求項1の消しゴムつき鉛筆。
　※図として、断面図を示すと構造がわかりやすいです。

　それぞれの部品には、どのような構造があるのか、連想してみて下さい。特許請求の範囲に記載した内容を読んでみて、発明の内容がイメージ出来るかがポイントです。

一生懸命考えて、書き上がった満足感で出来たと喜ばず、冷静になって一呼吸おいてから、読み返してみてください。必須の構成が抜けていることによって、発明のイメージが再現出来ないのでは困ります。

2.例題2－ちょうやく運動具の明細書作成

　次に、数十年前に日本で大変ヒットした「ホッピングマシン」
に関して、明細書を作成してもらいます。

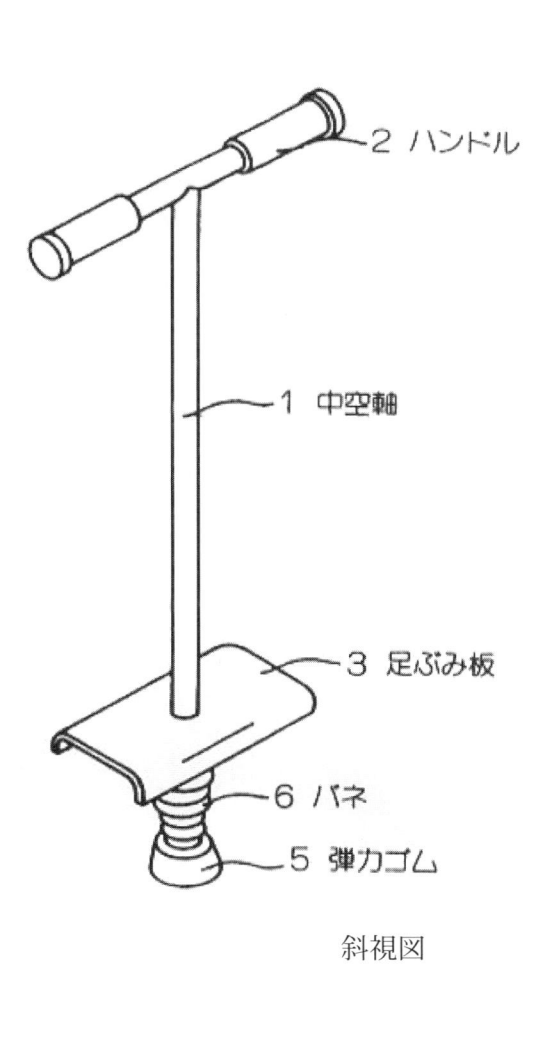

斜視図

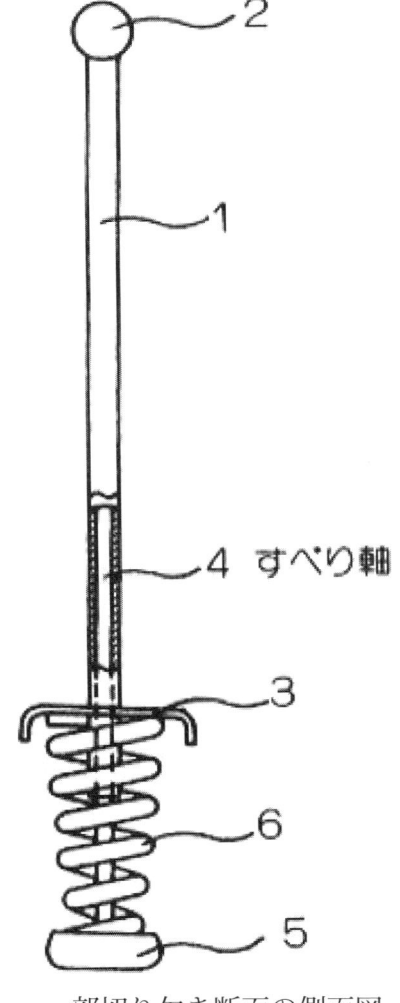

一部切り欠き断面の側面図

61

ステップNo.	ステップの取組み内容	チェック欄	備考
1	発明の把握		
2	図を描きましょう		
3	部品名をつけましょう		
4	構成別に言葉を図解しましょう		
5	クレーム図解シートを用意しましょう		
6	クレーム図解法シートに、ブロックごとに部品を転記しましょう		
7	クレーム図解法シートを用いて書いてみましょう		
8	クレームシートから構造の説明を箇条書きにしてみましょう		
9	図に符号をつけましょう		
10	明細書の【発明を実施するための形態】の前段の構造説明を作成しましょう		
11	特許請求の範囲の案を作成してみましょう		

ステップ1. 発明の把握

ステップ2. 図を書きましょう

ステップ3. 部品名をつけましょう

　この例題に関しては図と部品名、符号などがつけてあります。

ステップ4. 構成別に言葉を図解しましょう

　本体が、どのようなブロックにわかれているかを見て下さい。

そして部品ごとに分解して言葉を抽出してみましょう。この時、部品のもれがないか注意して下さい。

　断面図も参照して中空軸ですべり軸がどのように動作するかを見極めて下さい。

　バネ（6）と符号名が記載されていますが、このバネはコイルバネです。

ステップ5. クレーム図解使途を用意しましょう

ステップ6．クレーム図解法シートに、ブロックごとに部品を転記しましょう

　クレーム図解法のシートに本発明がどのように組み上げられているかを転記して下さい。符号の数字①〜⑥の順番に展開してみて下さい。

ステップ7. クレーム図解シートを用いて書いてみよう

　どの部品を中心にして展開していくかがポイントになります。図の下から本体を分解すると、説明が複雑になります。「中空軸」を真ん中にして、説明するとスムーズに分解できます。

　部品が多い場合はＡ4ではなくＡ3を用いるか、縦ではなくシートを横書きにして転記すると使い易くなります。

「どこに」、「何を」、「どのように」、「何に」、取り付けているのかを問いかけながら、「の」「を」「に」等をクレームシートに書き入れましょう。

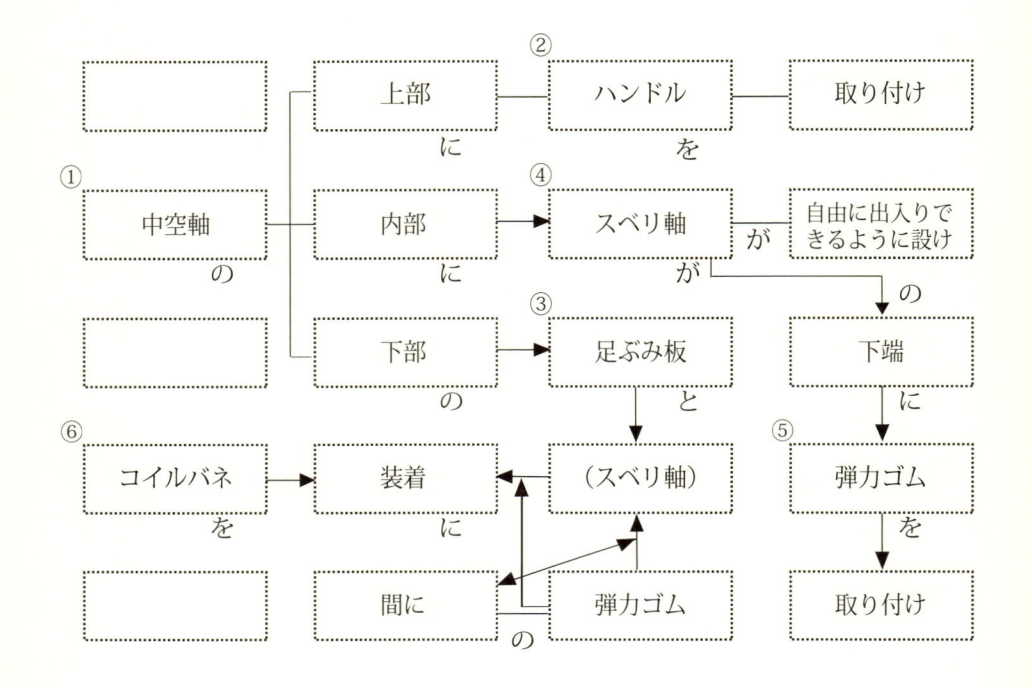

ステップ8．クレームシートから構造の説明を箇条書きにしてみ
ましょう

① 中空軸 の 上部 に ハンドル を 取り付け
② 中空軸 の 内部 に スベリ軸 が
　　 自由に出入りするように設け
③ スベリ軸 の 下端 に 弾力ゴム を 取り付け
④ 中空軸 の 下部 の 足ぶみ板 と 弾力ゴム の 間に
スベリ軸 があり コイルバネ を スベリ軸 に 装着 する

　以上のように、クレーム図解法シートから、各ブロックごとに
読み取り、箇条書きの文章を作成していきます。

ステップ9. 図に符号をつけましょう
　この例題についてはあらかじめ符号がつけてあります。

ステップ10.　明細書の【発明を実施するための形態】の前段の構造説明を作成しましょう

明細書の【発明を実施するための形態】
　※前記のようにクレーム図解法シートから箇条書きにした文章を、明細書の【発明を実施するための形態】に転記して、構造説明を行なう。

（イ）中空軸（1）の上部にハンドル（2）を設け、中空軸（1）の下部に長方形状の足ぶみ板（3）を設ける。
（ロ）中空軸（1）の下部には、自由に出入りするすべり軸（4）を設ける。
（ハ）すべり軸（4）の下端と足ぶみ板（3）との間に、コイル状のバネ（6）を装着する。
（ニ）すべり軸（4）の下端に弾力ゴム（5）を設ける。

ステップ11.　特許請求の範囲の案を作成してみましょう
○特許請求の範囲
　明細書の【発明を実施するための形態】から、特許請求の範囲に転記する。

箇条書きにした例
【請求項1】
（イ）中空軸（1）の上部にハンドル（2）を設け、中空軸（1）

の下部に長方形状の足ぶみ板（３）を設ける、

（ロ）中空軸（１）の下部には、自由に出入りするすべり軸（４）を設ける、

（ハ）すべり軸（４）の下端と足ぶみ板（３）との間に、コイル状のバネ（６）を装着する、

以上のように構成されたちょうやく運動具。

≪（ニ）すべり軸（４）の下端に弾力ゴム（５）を設ける、≫は必須の構成要件から除外

一文で記載した例

【請求項１】

　中空軸の上部にハンドルを設け、中空軸の下部に足ぶみ板を設け、中空軸に自由に出入りするすべり軸を設け、そのすべり軸の下端と足ぶみ板との間にバネを装着したことを特徴とするちょうやく運動具。

３．例題３－カニ釣り具の明細書作成

　浅瀬の海でウロチョロしている磯カニを見て、たわむれに釣ろうとしました。釣り糸に餌を付けて海中にたらすと、カニはすぐに餌にしがみつきます。そのまま引き上げると、カニは海中から外に出たとたんに、餌を離して逃げ出してしまいました。

　カニの習性を知って、釣ったカニを海の中で捕まえる器具を発明しました。トングを大きくしたような挟み具の間から釣り糸を垂らし、先端の挟み板を海面の外に出る前に、挟み板でガチャンとカニを挟んで捕獲する器具です。この発明の明細書を作成して下さい。

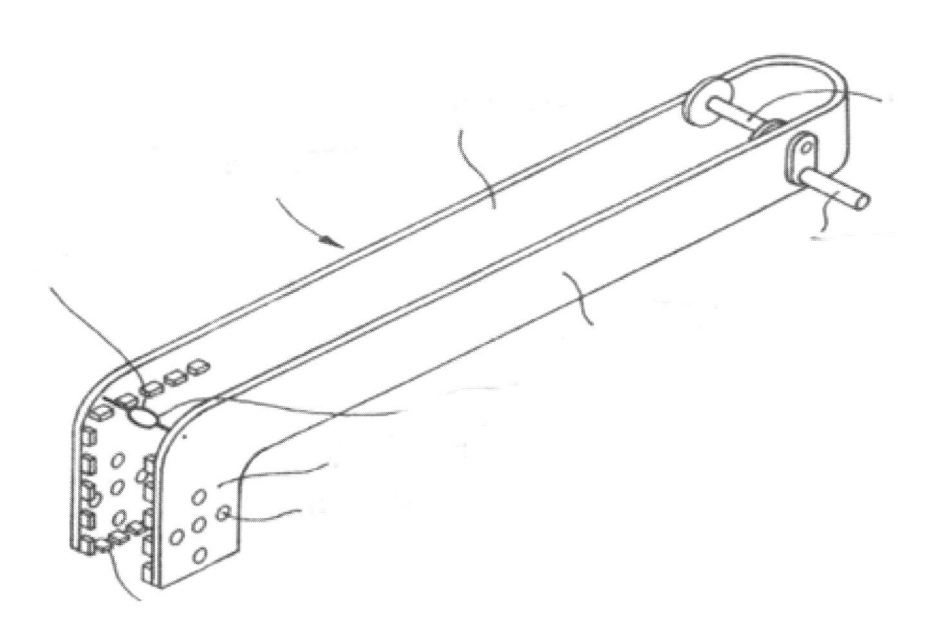

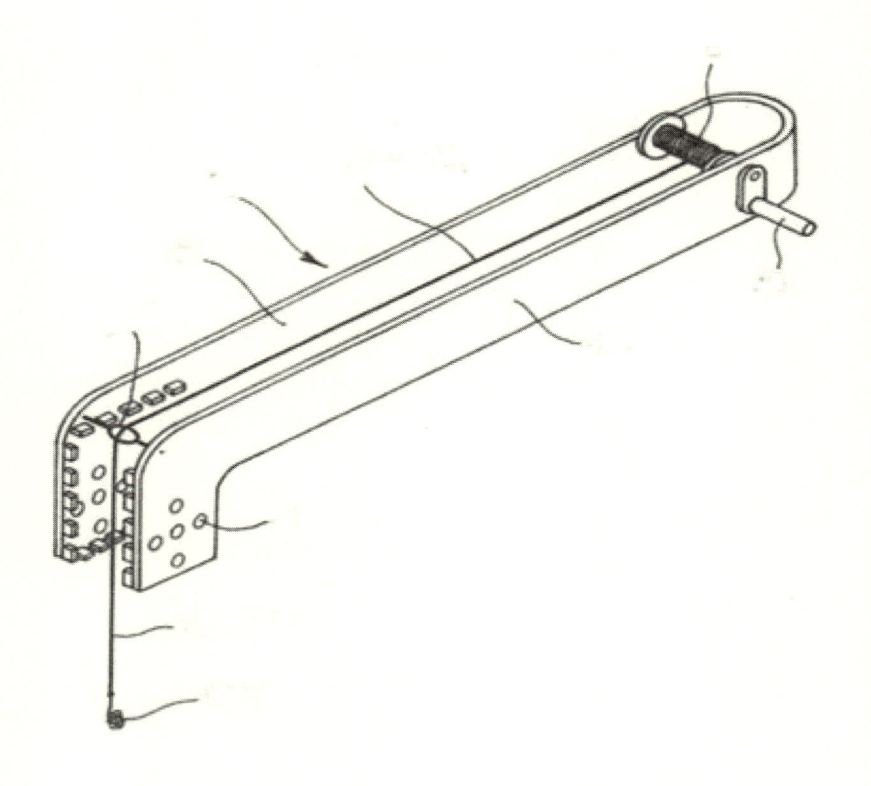

ステップNo.	ステップの取組み内容	チェック欄	備考
1	発明の把握		
2	図を描きましょう		
3	部品名をつけましょう		
4	構成別に言葉を図解しましょう		
5	クレーム図解シートを用意しましょう		
6	クレーム図解法シートに、ブロックごとに部品を転記しましょう		
7	クレーム図解法シートを用いて書いてみましょう		
8	クレームシートから構造の説明を箇条書きにしてみましょう		
9	図に符号をつけましょう		
10	明細書の【発明を実施するための形態】の前段の構造説明を作成しましょう		
11	特許請求の範囲の案を作成してみましょう		

ステップ1.発明の把握

ステップ2.図を描きましょう

　この例題では図は示してあります。

ステップ3.部品名をつけましょう

　発明を把握し、部品名をつけましょう。図にはあらかじめ部品の所に、引き出し線をつけました。

ステップ4. 構成別に言葉を図解しましょう

　部品ごとに、言葉を抽出してならべましょう。

ステップ5. クレーム図解シートを用意しましょう

ステップ6. クレーム図解シートに、ブロックごとに部品を転記しましょう

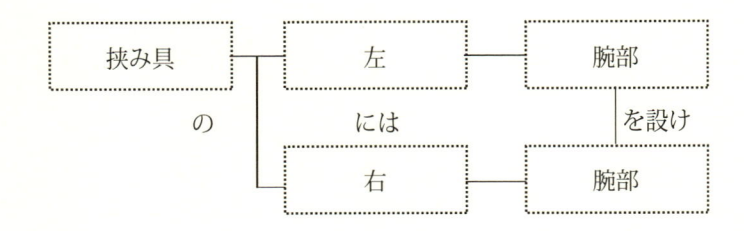

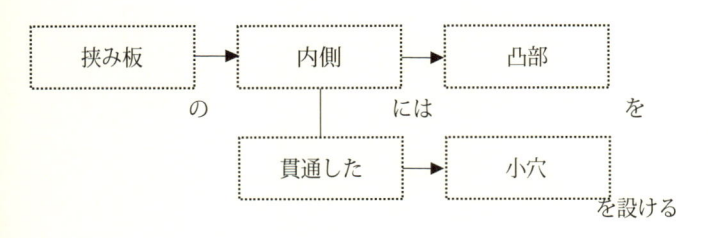

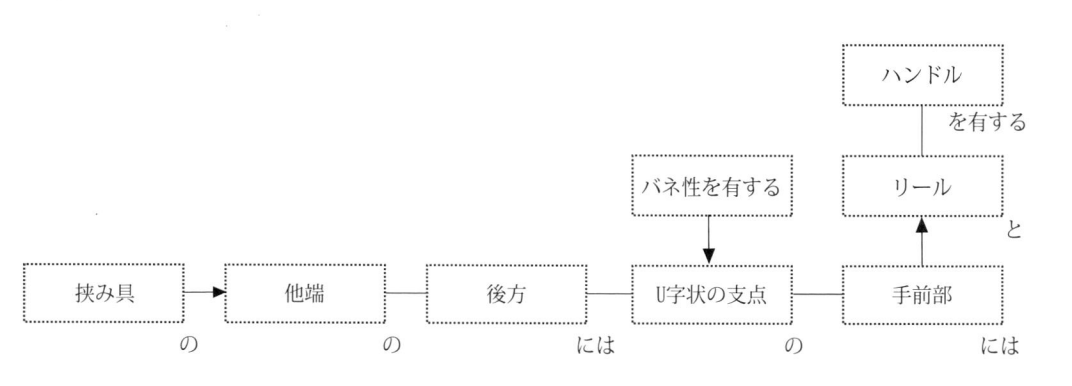

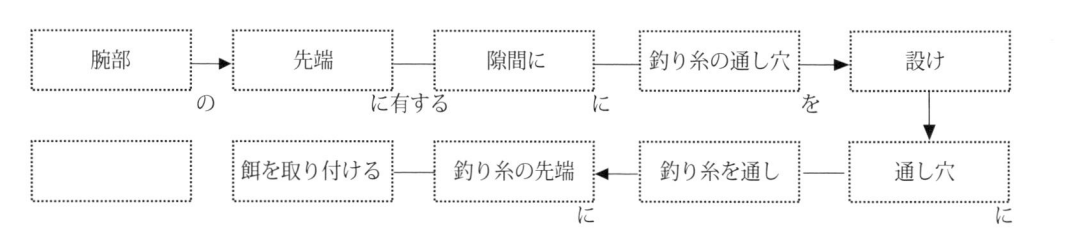

ステップ7. クレーム図解法シートを用いて書いてみましょう

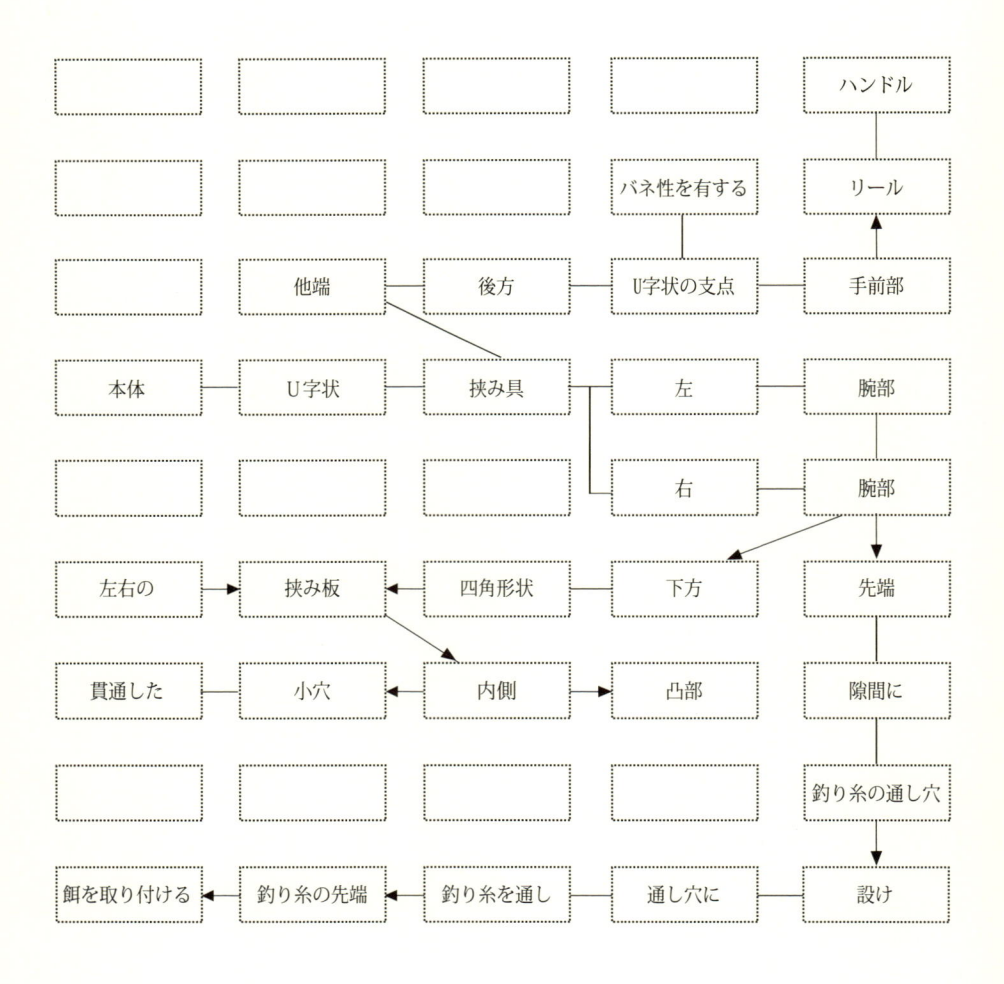

ステップ 8. クレームシートから構造の説明を箇条書きにしてみましょう

① 本体 には U字状（または二又状） の 挟み具 を 左右 に設ける

② 挟み具 の 左右 には 腕部 を設け

③ 腕部 の 下方 には 四角形状 の 挟み板 があり 左右 に設けられ

④ 挟み板 の 内部 には 凸部 を設ける 貫通した 小穴 を設ける

⑤ 挟み具 の 他端 の 後方 には U字状の支点 の 手前部 に リール と ハンドル を有する バネを有する ことで挟める

⑥ 腕部 の 先端 に有する 隙間 に 釣り糸の通し穴 を設け 通し穴 に 釣り糸を通し 釣り糸の先端 に 餌を取り付ける

（イ）本体には、U字状（二又状）の挟み具を左右に設け、バネ性を有することで挟めるようになっている。

（ロ）挟み具の左右には、腕部を設ける。

（ハ）腕部の下方には、四角形状の挟み板があり、左右に設けられた挟み板の内側には凸部と小穴を設ける。

（ニ）挟み具の他端の後方には、U字状の支点の手前部にリールとハンドルを有する。

（ホ）腕部の先端に有する隙間に、釣り糸の通し穴を設け、通し穴に釣り糸を通し、釣り糸の先端に、餌を取り付ける。

ステップ9．図に符号をつけましょう

【図1】

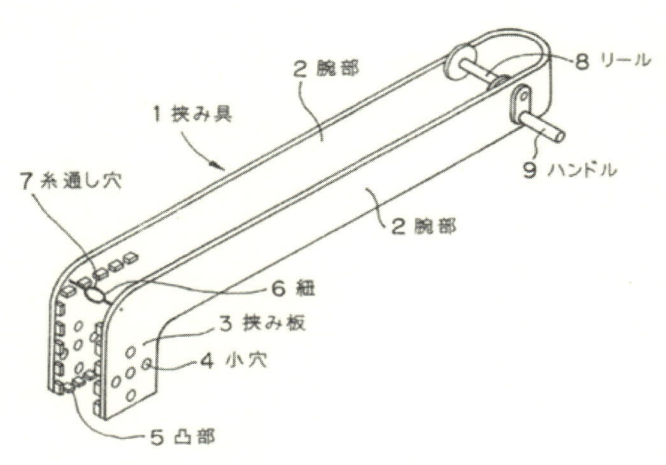

- 8 リール
- 2 腕部
- 1 挟み具
- 9 ハンドル
- 7 糸通し穴
- 2 腕部
- 6 紐
- 3 挟み板
- 4 小穴
- 5 凸部

【図2】

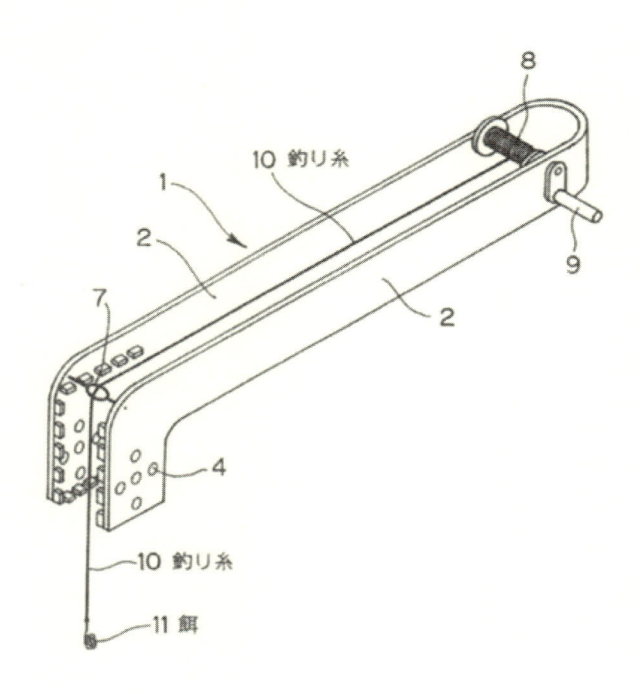

- 8
- 10 釣り糸
- 1
- 2
- 9
- 7
- 2
- 4
- 10 釣り糸
- 11 餌

74

ステップ 10. 明細書の【発明を実施するための形態】の前段の構造説明を作成しましょう

　ステップ９で書いた文に符号をつけて、必要な構造説明にまとめます。

（イ）二又状の挟み具（１）の各腕部（２）の先端に四角形状の挟み板（３）を設ける。

（ロ）挟み具（１）の後部の内側にリール（８）を設ける。

（ハ）挟み板（３）に複数の小穴（４）を貫通させ、挟み板（３）の内側の周囲に凸部（５）を複数設ける。

（ニ）二枚の挟み板（３）の間に紐（６）を橋渡し、紐（６）の中央に糸通し穴（７）を設ける。

　ステップ８．特許請求の範囲の案を作成してみましょう

○特許請求の範囲

　明細書の【発明を実施するための形態】から、特許請求の範囲に転記する。

【請求項１】

（イ）挟み具（１）の各腕部（２）の先端に挟み板（３）を設ける、

（ロ）挟み具（１）の後部の内側にリール（８）を設ける、

（ハ）挟み板（３）の間に紐（６）を橋渡し、紐（６）（の中央）に糸通し穴（７）を設ける、

以上のように構成されたカニ釣り具。

【請求項２】

挟み板に複数の小穴を貫通させた請求項１のカニ釣り具。

【請求項３】

挟み板は内側の周辺に複数の凸部を設けた請求項１又は請求項２のカニ釣り具。

4. 例題4－つまみ付き電気コードプラグの明細書作成

　この発明は、コンセントから電気コードのプラグを抜きやすくするためのつまみ付き電気プラグに関するものである。従来は、電気コードのプラグをコンセントから外すときは、指先でプラグ本体をつまんで引き抜いていた。プラグ本体に指の引っ掛け、輪を設け、指をその輪に引っ掛けて、コンセントから引き抜くことができる発明である。

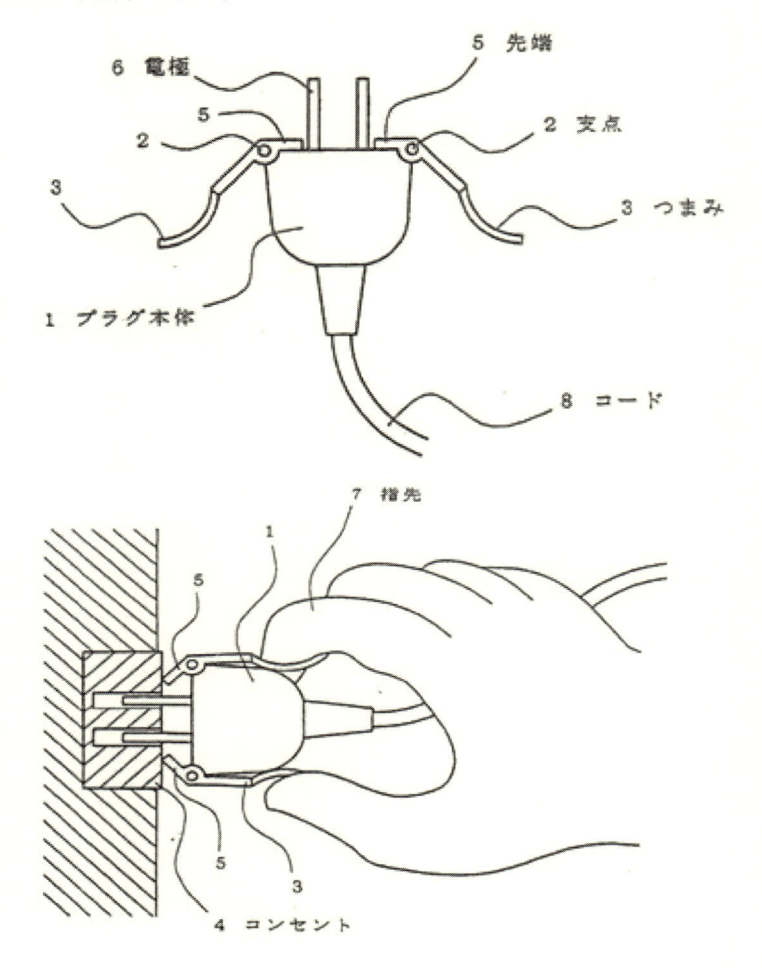

ステップNo.	ステップの取組み内容	チェック欄	備考
1	発明の把握		
2	図を描きましょう		
3	部品名をつけましょう		
4	構成別に言葉を図解しましょう		
5	クレーム図解シートを用意しましょう		
6	クレーム図解法シートに、ブロックごとに部品を転記しましょう		
7	クレーム図解法シートを用いて書いてみましょう		
8	クレームシートから構造の説明を箇条書きにしてみましょう		
9	図に符号をつけましょう		
10	明細書の【発明を実施するための形態】の前段の構造説明を作成しましょう		
11	特許請求の範囲の案を作成してみましょう		

ステップ1. 発明の把握

ステップ2. 図を描きましょう

ステップ3. 部品名をつけましょう

　この例題では図が示してあり、あらかじめ部品名、符号名をつけてあります。

ステップ4．構成別に言葉を図解しましょう

　本体は○○と○○と○○から成立っていると、各ブロックごとに分解して説明すると、スムーズにできます。

　プラグ本体の中は、電極・開閉具・コードの３つのブロックに分けることができます。その中でメインになるのが「開閉具」で、このブロックを中心に分解をすすめるとよいでしょう。

ステップ5.クレーム図解シートを用意しましょう
ステップ6.クレーム図解法シートに、ブロックごとに部品を転記しましょう
ステップ7クレーム図解法シートを用いて書いてみましょう

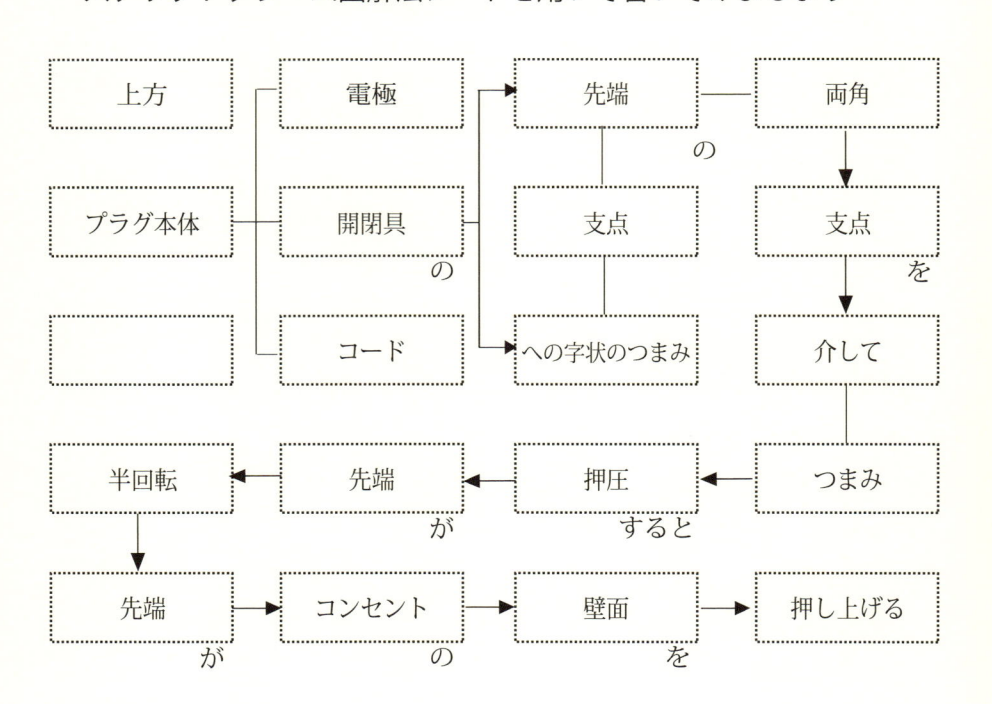

ステップ８．クレームシートから構造の説明を箇条書きにしてみ
ましょう

① ⸂プラグ本体⸃ は ⸂電極⸃ と ⸂開閉具⸃ と ⸂コード⸃ から
構成されている

② ⸂開閉具⸃ の ⸂プラグ本体⸃ の ⸂先端⸃ の ⸂両角⸃ には ⸂支点⸃
を　設ける

③ ⸂への字状のつまみ⸃ は ⸂支点⸃ に ⸂取り付ける⸃

④ ⸂への字状のつまみ⸃ は ⸂支点⸃ を　介して ⸂押圧⸃ すると
⸂先端⸃ が ⸂半回転する⸃

⑤ ⸂両方⸃ の ⸂つまみ⸃ を ⸂押圧⸃ すると ⸂先端⸃ が　半回転
して ⸂への字状のつまみ⸃ の ⸂先端⸃ が ⸂壁面⸃ を　押し上げる

１．プラグ本体は、開閉具と電極、コードから構成されている。

２．開閉具のプラグ本体の先端の両角には支点を設ける。

３．への字状のつまみを支点に取り付ける。

４．への字状のつまみは支点を介して、つまみを押圧すると、先
端が半回転する。

５．両方のつまみを押圧すると、先端が半回転し、への字状のつ
まみの先端が壁面を押し上げる。

ステップ９．図に符号をつけましょう

　この例題ではあらかじめ符号はつけてあります。

ステップ 10．明細書の【発明を実施するための形態】の前段の
構造説明を作成しましょう

【発明を実施するための形態】

　以下、本発明の実施の形態について説明する。

（イ）プラグ本体（1）の先端の両角に、支点（2）を設ける。

（ロ）絶縁体でできていて、かつ、への字型のつまみ（3）をそれぞれの支点（2）に装着する。

（ハ）つまみ（3）の押圧に連動して、つまみ（3）の先端（5）が支点（2）を介して半回転する。つまみ（3）の先端（5）が電極（6）に接することがないように、十分な間隔を持たせる事が必要である。又、つまみ（3）の材質はプラスチックを用いれば、接触事故も生じない。

（ニ）プラグ本体（1）の下端にはコード（8）が取り付けられている。販売する場合は、プラグ本体（1）のみを販売すればよい。本発明は以上の構成よりなる。

ステップ11. 特許請求の範囲の案を作成してみましょう

○特許請求の範囲

　明細書の【発明を実施するための形態】から、特許請求の範囲に転記する。

【請求項1】

プラグ本体の先端両角に支点を介してつまみを装着し、つまみの先端が支点を介して半回転することを特徴とするつまみ付き電気プラグ。

箇条書きにした記載例

【請求項1】

（イ）プラグ本体（1）の先端の両角に、支点（2）を設け、

（ロ）への字型のつまみ（3）をそれぞれの支点（2）に取り付ける、

（ハ）つまみ（3）の押圧に連動して、つまみ（3）の先端（5）が支点（2）を介して半回転するように設ける、

以上のように構成されたつまみ付き電気プラグ。

第6章

先行技術の調べ方の基本

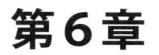

1. インターネットを使って特許調査

　特許庁ではホームページ上で、発明活動に活かせる特許情報を提供しています。

　特許情報は、特許1号から現在公開されている特許公報のすべてを、インターネットに接続して無料で調べることができます。皆さんの発明に、先願の特許情報があるかを調べて、無駄な出願を防止するために役立てて頂きたいものです。

　特許情報を検索するシステムを「特許情報プラットフォーム（J-PlatPat）」と呼びます。

「特許情報プラットフォーム」へは、次の3つのいずれかでインターネット接続できます。

①特許庁のホームページの「J-PlatPat」をクリック

②工業所有権情報・研修館のホームページから「J-PlatPat」をクリック（http://www.inpit.go.jp/）

③特許情報プラットフォーム（J-PlatPat）のＵＲＬに直接アクセスする（https//www.j-piat.inpit.go.jp/）

2. 特許情報プラットフォームの紹介

J-PlatPat は、特許・実用新案、意匠、商標、審判、経過情報の
5 つのカテゴリーで構成されています。

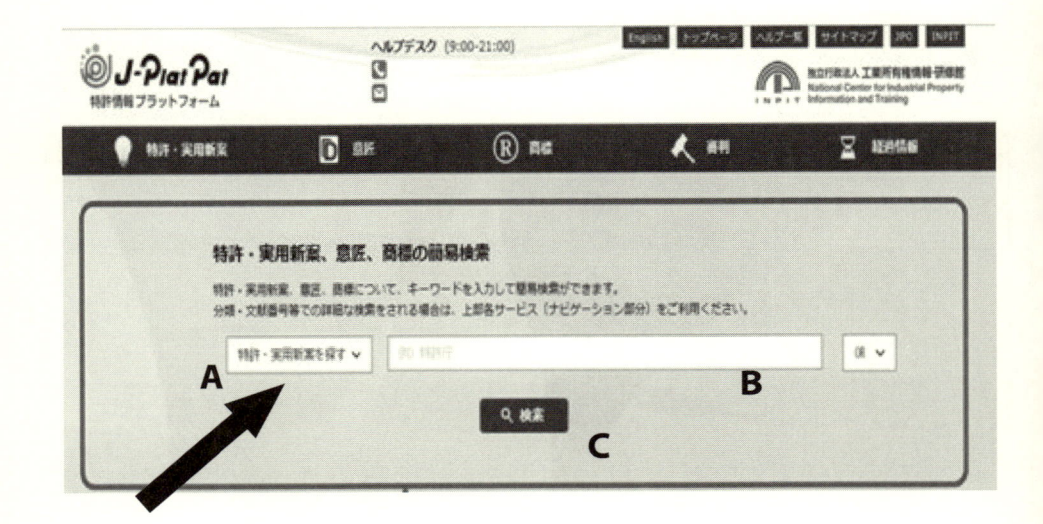

　試しに、鍋の蓋にお玉が置けるような便利な鍋蓋を検索してみ
ます。
①簡易検索の画面Aの所を　特許・実用新案を探す　にします。
②Bに「鍋蓋」と入力します。
③Cの「検索」をクリックして下さい。
④検索の下にヒットした件数が表示されます。
⑤一覧表示を開くには「ヒット件数○○○件」をクリックして下
さい。
⑥検索結果一覧が表示されます。

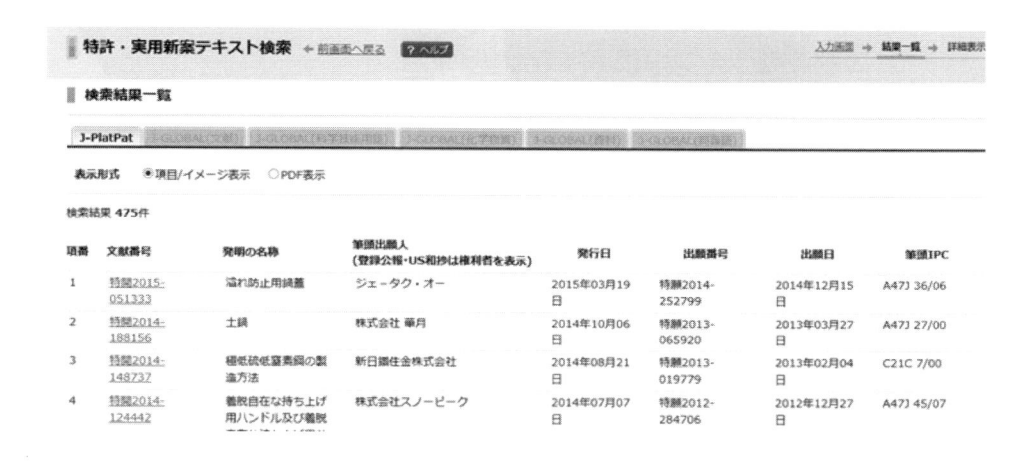

⑦この画面には、「項番」「文献番号」、「発明の名称」、「筆頭特許出願人」「発行日」「出願番号」「出願日」「筆頭ＩＰＣ」が表示されます。

⑧「発明の名称」を見ながら、自分の発明と関連ありそうな内容を探し、その「文献番号」をクリックします。

⑨「文献番号」の表示は、「特開 ２０１５－０５１３３３」とある場合は、特許公開２０１５年０５１３３３号と読みます。なお、特許公報は、２０００年以降は西暦表示で、それ以前は「特開平１０－１２３４５」のように和暦で表示されます。

⑩「文献番号」をクリックすることによって、特許公報が表示されます。

３. 公報を見る３つの表示方法と印刷の仕方
1. 項目表示　　2. イメージ表示　　3. ＰＤＦ表示

項目表示　イメージ表示　PDF表示
全項目 (書誌+要約+請求の範囲)
書誌 要約 請求の範囲 詳細な説明 利用分野 従来の技術 発明の効果 課題 手段 図の説明

「項目表示」の見方

　項目表示をクリックすると、出願書類の願書・要約書・特許請求の範囲・発明の詳細な説明（明細書）・図面を見ることが出来ます。

全項目 (書誌+要約+請求の範囲)

「全項目」をクリックすると（全項目の文字が黒文字の表示に変わります）、願書・要約書・特許請求の範囲・発明の詳細な説明（明細書）・図面の順に連続して見ることが出来ます。公報のレイアウトとは異なります。

「（書誌 + 要約 + 請求の範囲）」をクリックすると（その項目が黒文字の表示に変わります）、書誌（願書）・要約書・特許請求範囲のみを順番に見ることが出来ます。

【特許請求の範囲】
【請求項1】
水受け部と、箸受け部を具備して下方に位置する台座に、鍋蓋の摘み部を係止して、鍋蓋を略垂直状態で載置する上部が略Y字状に形成された載置体を前記台座の水受け部に固着し、さらに、菜箸とスプーンを立てて載置する上部が略水平のΩ字状に形成された保持体を、前記台座の箸受け部近傍に固着した構造を特徴とする料理用の鍋蓋スタンド。
【請求項2】
前記台座の水受け部に固着された前記載置体と、前記台座の箸受け部近傍に固着された前記保持体との間に、鍋蓋が略垂直状態で入る所定の間隔を設けたことを特徴とする請求項1に記載の料理用の鍋蓋スタンド。
【請求項3】
前記台座の底面に、複数の滑り止めを設けたことを特徴とする請求項1又は請求項2に記載の料理用の鍋蓋スタンド。

【発明の詳細な説明】
【技術分野】
【0001】
本発明は、家庭等において料理中に鍋蓋、菜箸、スプーンを一時的に載置する用具に関するものであ

　　上のように、表示されたものを印刷することができます。ここで全文の印刷ができるのですが、見やすさの点からいって、文献単位文献PDF表示の印刷をお薦めします。次にその方法を紹介します。

「イメージ表示」「PDF表示」の見方

　　このふたつは主にプリントする際によく使います。
　　出願の際には、明細書の【先行技術文献】の項目に【特許文献】（公報の番号）を記載するのですが、その公報を添付されないで、発明相談にみえる方が非常に多いです。おそらく、公報のコピーの仕方が分からない方も含め調べていない方が多いのには驚きます。
　　先願の検索後、「検索結果一覧」が画面表示されるので、必要な公報をコピーしたい時、どのようにするかを説明します。

▌検索結果一覧

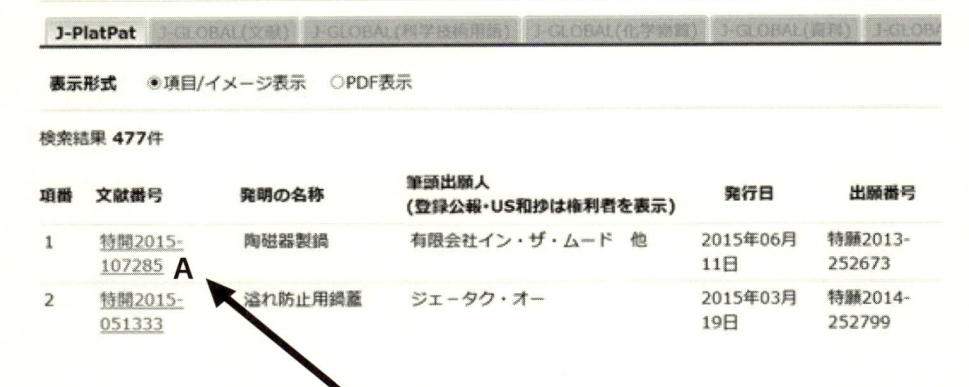

該当する文献番号**A**をクリックすると、下の画面表示になります。右上の**B**「文献単位ＰＤＦ表示」をクリックして下さい。

下の画面に変わりますので、**C**にイメージ表示された４桁の暗証番号を、**D**のテキストボックスに半角数字で入力後、**E**の送信ボタンをクリックします。

88

JP 2013-236778 A 2013.11.28

(19)日本国特許庁(JP)　　　　(12)公開特許公報(A)　　　(11)特許出願公開番号

特開2013-236778

(P2013-236778A)

(43)公開日　平成25年11月28日(2013.11.28)

(51)Int.Cl.		F I			テーマコード（参考）
A47J　47/16	(2006.01)	A47J　47/16		F	4B066

審査請求　有　請求項の数３　ＯＬ　（全９頁）

(21)出願番号	特願2012-112021 (P2012-112021)	(71)出願人　505178860

F

　　指定した公報が表示されます。例えば上の例では**F**公報の枚数が全９頁で、記載されています。全ページをコピーするか、必要なページのみをコピーするかの設定は指定できます。画像が鮮明なので、コピーしてもよくわかります。

「イメージ表示」からの印刷は、公報として表示されますが、「文献単位ＰＤＦ表示」の公報表示と比べると画像が悪いのと、一ページごとの表示ですので、全ページを印刷するには面倒です。

「ＰＤＦ表示」からの印刷は公報として表示され、「イメージ表示」の画像と比べると見易い表示です。しかし、これも一ページごとの表示ですので、全ページを印刷するには面倒です。

　　印刷の仕方は公報（出願書類）の内容を把握する上の目的に応じて、最適なやり方を選択して下さい。

4. 公報の種類について

　公報に記載されている技術を詳細に把握するには、フロントページに記載されている内容だけでは分かりません。

　公報（特許情報）にはどのような種類があるのかを紹介します。

○特許情報の種類（特許と実用新案の公報）

特許情報には「権利情報」と「技術情報」の両面があります。特許情報の種類には何があるのかを、説明します。

１. 特許情報

①公開特許公報…昭和46年から発行され、出願から１年６カ月後に発行されます。

②公告特許公報…大正11年〜平成８年まで発行されていました。現在は公告制度が廃止され発行されていません。

③特許公報…公告制度が廃止により平成８年以降から特許登録後に発行。番号は２５００００１から付いています。

④特許明細書…昭和31年までに登録後に発行されています。特許協力条約国際（ＰＣＴ）出願の翻訳文等を優先日から約２年後に公表、昭和54年から発行されています。

⑤再公表公報…特許協力条約国際（ＰＣＴ）出願の日本語出願文の国際公開を公表し、昭和54年から発行されています。

２. 実用新案情報

①公開実用新案公報…昭和46年から発行され、出願から１年６カ月後に発行されたものです。平成６年以降の出願の公開公報はありません。

②公告実用新案公報…審査後公告決定された場合に、大正12年

～平成8年まで発行されていました。

③実用新案登録公報…公告制度廃止により平成8年以降から登録後に発行され、番号は2500001からついています。

④登録実用新案公報…平成6年以降に出願されたものは無審査で実用新案の登録がされ、この公報が平成6年から発行されています。約6カ月後の発行となり、番号は3000001からです。

⑤実用新案明細書…昭和31年までに登録後に発行されたものです。

⑥公表実用新案公報…特許協力条約国際（PCT）出願の日本語出願文の国際公開を公表し、昭和54年から発行されています。

　公報は上記に示した種類がありますが、重複したアイデアが既に出願されているかを調べるにあたり、「公開特許公報」「特許公報」「登録実用新案広報」の3種類の公報に触れる機会が多いです。

5. 出願するときには特許調査を活用してください

　特許庁は、特許出願を行なう際に、無駄な出願を避けるため、先行技術調査を行なって下さいと指導しています。義務化されてはいませんが、皆さんが考えたアイデアがその技術分野で、どのレベルのポジションにあるのかを認識しておくことが重要です。

　特許検索に自信のない方は、発明学会で行なっている「簡易特許調査サービス」を利用して、自分のアイデアの技術レベルを認識しましょう。

　特許調査には技術情報調査、出願前の従来技術調査、権利状況調査、公知例調査があります。そこで、「出願前の従来技術調査」での公報の見方と読み方について解説します。

6. 公報の見方と読み方について

　出願前の従来技術調査では、その発明の関連する技術分野の先行技術調査は必要であると説明しました。自分の考えたアイデアが、その技術分野で、どの位置づけ（レベル）にあるのかを知った上で、出願するのと、先行技術を調べずに、出願するとでは大きな違いが生じます。

　ここでは先行技術調査をした結果、数多くの公報が検索され、いざその公報に直面した時に、どのように公報を見て、その内容をどのようにして読むか、についてステップごとに解説していきます。

①該当公報を検索します。該当する公報がリストアップされたら、その中に近い技術が記載された公報を抽出していきます。

②まずは要約書で発明の概要を読んで、参考になる用語や図を見て選別していきます。この時、代表図だけでなく、他の図も見て似ている発明の、構造があるかを見つけて下さい。

③似ている公報を見つけましょう。よく類似構造の判断について誤解されている方がいます。「同じ」技術（構造）を探すのではなく、技術が「似ている（類似）」ものを抽出して下さい。

　同じ構造ではないので、自分のアイデアとは「違う」と判断されている方が多いのですが、そうではありません。

④似たような技術にぶつかったら、フロントページから全文が掲載されている公報を見て下さい。それには「ＰＤＦ表示」で見るか、「文献単位ＰＤＦ表示」　で内容を見て、技術の把握を行なってください。

⑤類似の公報が絞り込まれたら、「文献単位ＰＤＦ表示」から公報をコピーして、記載されている細部を読んで比較して下さい。

⑥その際、該当する用語（符号名）をチェックするため、構造が

該当する部分の用語や構造説明している所に蛍光ペンなどでマークして下さい。特に図の符号にも該当する所にマークすることによって、その構造が見えるようになり、構造説明を読んでどのような構成になっているかを把握できます。

⑦公報は図を見てどのような構造で構成されているのか、イメージして、明細書の内容を読んでください。

⑧自分のアイデアと類似の公報との比較は、項分け記載に書かれている内容と比べて見ましょう。大きく分けると「目的」「構成」「効果」で比較します。

　構造の比較としては、従来技術よりどの程度改良されているかを主張できるかがキーポイントです。

⑨出願が出来るか迷う時は、自分の発明に関して目的・構成・効果を示し、従来技術の公報を添付して示し、発明相談でご自分の意見を述べて相談してください。

　これで、一人で特許調査にチャレンジできるようになればと思っています。発明相談でも、自分ではパソコン環境をもっていないので、簡易特許調査を依頼される方が、大変多くなっています。

7．特許情報プラットフォームで、検索のレベルアップを目指しましょう

　もっと検索技術を学びたい・検索の仕方が分からない方は、工業所有権情報・研修館知財情報部では、ガイドブックとマニュアルを用意していますので、利用することをお薦めします。

特許情報プラットフォームマニュアル

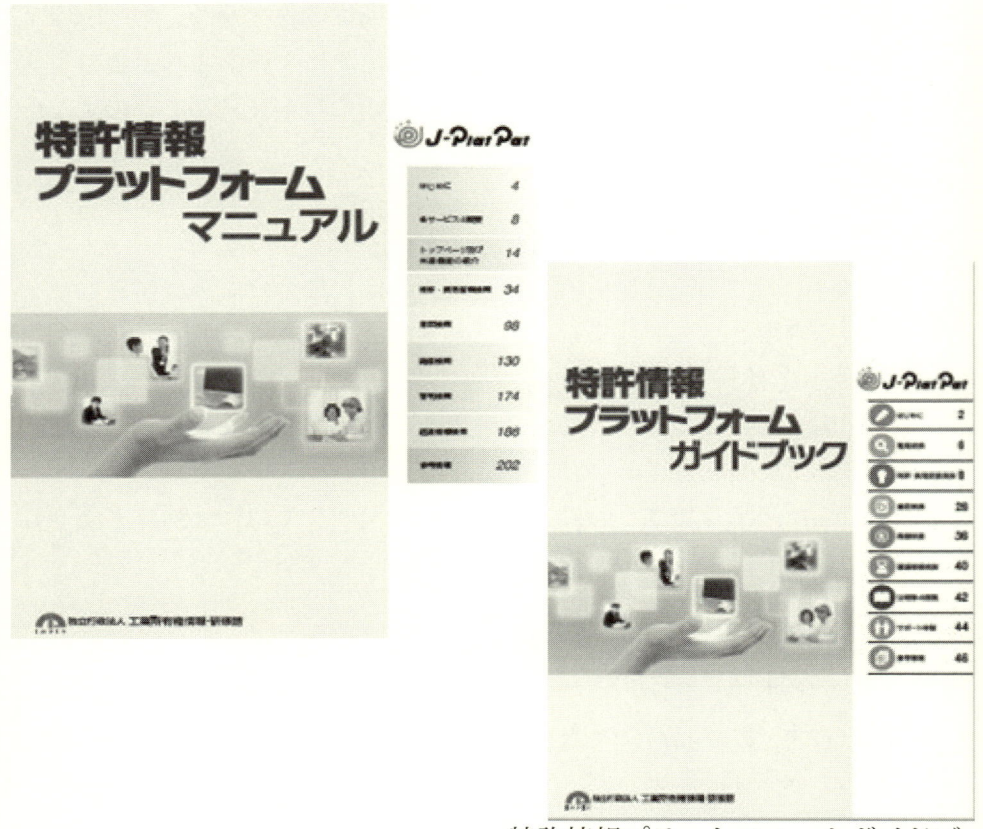

特許情報プラットフォームガイドブック

　以上の２つは、特許情報プラットフォームのトップページにある、サイトマップをクリックすると、「ご利用について」の「マニュアル等ダウンロード」から見ることが出来ます。また、J-PlatPatのヘルプページからもダウンロードが出来すので、是非活用して下さい。大学の授業では『特許情報プラットフォームガイドブック』を提供して頂き、ガイドブックを見ながら特許検情報検索の実習を６時間行なっていました。

8. 特許・実用新案に関する検索の項目

　検索する上で、どのような内容なのかを把握することが重要です。特許・実用新案の見出しの下に 1 〜 10 の内容があります。

文献番号で調べる…特許・実用新案番号の照会

　発行された公報すべてを文献番号から照会出来、出願番号・公開番号・登録番号・審判番号の順に表示されます。

キーワードで調べる…特許・実用新案テキスト検索

　キーワードで簡単に検索できます、対象文献は

公開特許公報　　　　平成 5 年以降

特許公報　　　　　　平成 8 年以降

実用新案登録公報　　平成 8 年以降

登録実用新案公報　　平成 6 年以降

○「要約＋請求の範囲」「要約」または「請求の範囲」の部分にキーワードがあればヒットします。

○「発明の名称」の部分にキーワードがあればヒットします。

○「公報全文（書誌を除く）」にキーワードがあればヒットします。

○ IPC、F1、F ター、ファセット　特許分類をキーにして検索が出来ます。

○出願人 / 権利者　出願人別に出願動向を調べるのに便利です。

分類で調べたい…特許・実用新案分類検索

　発行された公報の内、分類が付けられたものについては、分類から検索が出来ます。又、特定の技術分野の出願や権利を調べるには適しています。それには、IPC（国際特許分類）と F1 がどのようなものかを理解する必要があります。

分類の内容を調べたい…パテントマップガイダンス

　照会タブ・キーワード検索タブ・エンコーダンスが設けられ、照会タブ…分類の内容を照会できます。

キーワード検索タブ…キーワードから分類を検索できます。

エンコーダンス検索タブ… F 1 と IPC の対応を確認できます。

　分類検索に慣れてない場合は先ず関連しそうな公報をテキスト検索で探して、記載されている分類記号（IPC、F1、F ターム）から、その記号がどのような技術を表しているかをパテントマップガイダンスで確認しましょう。その後、分類情報を利用して、分類検索を行なう方法が効果的です。

外国の特許を調べたい…外国特許 DB

　文献番号から外国公報等を照会可能です。原文のみだけでなく、

和文抄録が照会可能な案件もあります。

審査書類を調べたい…審査書類情報照会

　平成15年7月以降の審査に関する書類の一部を番号から確認できます。特許・実用新案のみ、公開済みの案件が対象です。

　拒絶理由通知・意見書・手続補正書の内容が掲載されていますので、拒絶理由通知の対応をどうしようと思われている方は、ここの内容を参照することで書き方の参考になります。

　本来、特許調査会社に調査依頼をすると、3万5千円以上の費用が普通にかかります。簡易特許調査と比較すると10倍の費用です。このことを十分理解した上で、何の目的で簡易特許調査を依頼するのかを明確にしましょう。

　何を求めて調査依頼するかは、調査依頼する際にしっかりと、具体的に示す必要があります。こんなものがあったらよいな、では技術を中々絞り込むのが難しいです。結果として望む技術が検索できない場合も生じます。

　自分の発明はこのような技術から成り立っているアイデアであると、ある程度このような技術の組み合わせであると、手段を開示することによって、類似の技術が検索できます。

　何故、先行技術の調査が必要なのか、それは自分のアイデアがどのレベルにあるかを把握するために行ないます。先行技術を把握するのは、特許情報プラットフォームでの検索だけではなく、市場で「自分のアイデア」がどのレベルにあるのか、把握することがとても重要です。

　自分のアイデアが、どこのレベルにあるのかを把握することが、よりよいアイデアを生み出す一歩になります。インターネットでの市場調査、あるいは類似の商品を取り扱って、販売している店

頭やカタログ等での市場調査が不可欠です。ここでは、いかにより多くの情報収集をすることが重要です。

　検索の方法では、キーワード検索より精度が高い、国際特許分類での検索をお薦めします。キーワード入力では入力の言葉によって、大きく左右されます。前記したように、国際特許分類とは何かをしっかり理解した上で、検索のレベルアップに取り組んで下さい。まずは、慣れることが一番です。

　特許情報検索はスマホで行なっている方が非常に多いです。発明相談でもスマホを片手に、このような先行技術があったと、見せてくれます。パソコンでは費用の面でハードルが高ければ、スマホでの検索にチャレンジして見てはいかがですか。

引用文献…2016.05 特許情報プラットフォーム講習会の資料（工業所有権情報・研修館知財情報部）

第 7 章

特許出願書類の
形式とまとめ方

1. 「特許願」の出願書類作成について

　特許出願は、

（1）書面出願（紙による出願）

（2）電子出願（パソコンによる回線を利用した出願）

　の2つの方式があります。現状では、電子出願率が94%で、今後はさらに増えていくと思われます。

　本書では書面出願を行なうときの作成方法を説明します。パソコンに慣れていない方やそれほど多くの出願がない時には書面出願をお薦めします。

　特許庁は、親切なお役所ですが、形式などを間違うと「○○を直してください」などの補正命令書が送られてきて、あとの手続きが面倒になります。

　特許庁では手書きでの出願も受け付けますし、罫線が有っても受け付けて貰っています。書面出願では楷書体できれいに書き、コピーした用紙を正式の出願書類として使えます。ただし、コピーされた用紙にマス目の枠線、余分な文字が複写に残っていないことを確認する事が必要です。

出願書類のとじ方

「特許願」を出願するのに必要な書類	
①　特許願	1
②　明細書	1
③　特許請求の範囲	1
④　要約書	1
⑤　図面	1

　※ 明細書、特許請求の範囲、図面は、何枚（ページ）になってもよい。

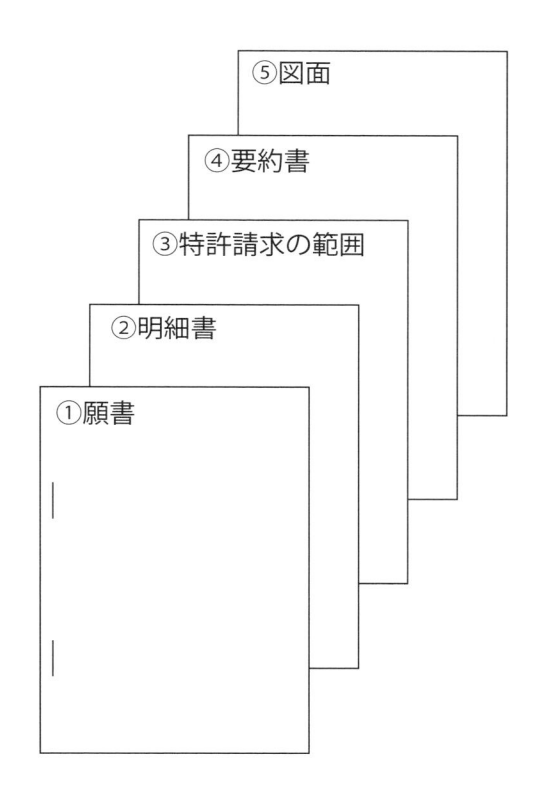

※ 左側をホッチキスでとじます。

出願書類の提出先

送付する場合　〒 100-8915　東京都千代田区霞が関３－４－３
　　　　　　　特許庁長官殿　　　「特許願」在中とする

持参する場合　上の住所の特許庁　出願受付
　℡ 03-3581-1101

①郵送する場合は、郵便局で提出した日が確保されればよいので、「書留」ではなく、「簡易書留」で提出する方が、料金が安いです。

②願書に記載する【提出日】は郵便局に持参した日を記載して下さい。その日が、出願日となります。

③宅配便で提出してはいけません、出願日が確保できません。

④出願書類を特許庁に持参したい方は、特許庁がどんな所かを見たいとの願望からです。登庁する際は、セキュリティーの関係で必ず身分を証明できるものを持参する必要があります。詳しくは特許庁のホームページで確認して下さい。

⑤持参する時は、控えを一部窓口に提出すると、受領印を押してくれるので、記念になります。

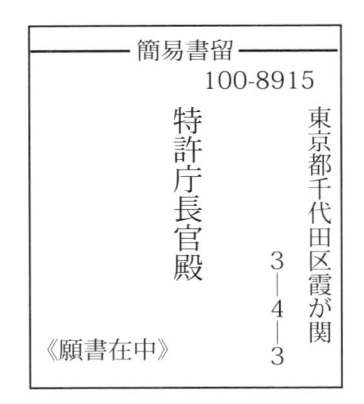

> ── 簡易書留 ──
> 100-8915
> 東京都千代田区霞が関
> 3─4─3
> 特許庁長官殿
> 《願書在中》

郵送の際の封筒表の書き方

特許印紙

　特許印紙のデザインは、右の通りです（特許庁の外観が印刷されています）。

「特許印紙」は、10 円、100 円、300 円、500 円、1,000 円、3,000 円、5,000 円、10,000 円、30,000 円、50,000 円、

100,000円の11種類です。「特許印紙」は、全国の郵便局（集配郵便局）で販売しています。

「収入印紙」と間違えないようにしてください。小さな町の郵便局では、特許印紙は扱っていません。窓口で「収入印紙」しかありませんと言われ、「収入印紙」を貼って提出する方がいますが、間違いですので気をつけてください。

「特許願」出願手数料等

出願料	14,000円
出願審査請求料	118,000円＋(請求項の数×4,000円)
特許料	第1年から第3年まで 毎年　2,100円に1請求項につき　200円を加えた額
	第4年から第6年まで 毎年　6,400円に1請求項につき　500円を加えた額
	第7年から第9年まで 毎年　19,300円に1請求項につき　1,500円を加えた額
	第10年から第25年まで 毎年　55,400円に1請求項につき　4,300円を加えた額

電子化の手数料について

　書面で出願されたものは、特許庁が指定する機関によって、すべてコンピュータに入力されますが、この費用は出願人の負担となります。その対象は、願書、明細書、特許請求の範囲、要約書、図面の5点です。

　金額は（基本料１，２００円）＋（７００円×書類の枚数）です。

　出願書類が、「願書１枚」、「明細書２枚」、「特許請求の範囲１枚」、「要約書１枚」、「図面１枚」の場合は、

　１，２００円＋（７００円×６枚）＝５，４００円になります。

　電子化手数料は、出願の約２～３週間後に電子化機関から支払用の振込用紙が送付されるので、そのときに支払います。

2.「願書」の書き方

<table>
<tr><td>特　許</td><td>特　許</td><td>特　許</td><td>特　許</td><td>特　許</td></tr>
<tr><td>印　紙</td><td>印　紙</td><td>印　紙</td><td>印　紙</td><td>印　紙</td></tr>
</table>

（１４，０００円）

【書類名】　　　　　　特許願

【整理番号】　　　　　Ｐ－２０１７－０１

【提出日】　　　　　　平成２９年〇月〇〇日

【あて先】　　　　　　特許庁長官　殿

【国際特許分類】

【発明者】

　【住所又は居所】

　【氏名】

【特許出願人】

　【識別番号】

　【住所又は居所】

　【氏名又は名称】　　　　　　　（印）又は〔識別ラベル〕

　【電話番号】

【提出物件の目録】

　【物件名】　　　　　特許請求の範囲　　　　　１

　【物件名】　　　　　明細書　　　　　　　　　１

　【物件名】　　　　　図面　　　　　　　　　　１

　【物件名】　　　　　要約書　　　　　　　　　１

　紙面の都合上、書類の用紙「Ａ４（横21㎝、縦29.7㎝）サイズ」の大きさ、形式などが規則（特許法施行規則）どおりになっていません。あらかじめご了承ください。説明用のワクの線は、Ａ４（横21㎝、縦29.7㎝）サイズの大きさをあらわしています。

「願書」は、用紙「Ａ４（横21㎝、縦29.7㎝）サイズ」の上方に６㎝の余白を取ります。左右、下に２㎝の余白を取ります。
　「願書」の上方の余白部分（６㎝）に所定額の「特許印紙」を貼り、その下にカッコして出願手数料の金額（14,000円）を書きます。「願書」には、この「実物見本」の通り、所定の項目を【　】（スミツキカッコ）で表示して、項目を書きます。書き方の要領は、次の通りです。

（１）【書類名】特許願と題名を書きます。

（２）【整理番号】後々に、自分で出願書類を整理するために、自分で自分の好きな番号を付けておく欄です。ローマ字、アラビア数字、「－」の組み合わせで、１０文字以下の番号を付けることができます。「整理番号」です。
　普通は、「【整理番号】　Ｐ－２０１７－０１」のようにつけます。
「Ｐ」は、Ｐａｔｅｎｔ「特許」の頭文字です。
「２０１７－０１」は、２０１７年の１番目という意味です。

（３）【提出日】平成２９年○月○○日　出願をする日を「　年　月　日」書きます。

（４）【あて先】特許庁長官殿と書きます。

（5）【国際特許分類】国際特許分類をグループ記号までなるべく書きます。しかし、書き方がわからないときは、書かなくても大丈夫です。書かないときは、欄そのものを省いてください。

　記載する場合は、明細書の【先行技術文献】の欄に【特許文献1】で示した公報に記載されている、国際特許分類を見て1つ記載して下さい。

（6）【発明者】この発明をした者の名前を、【住所又は居所】、【氏名】の項目に分けて書きます。住所は、何県から何番何号まで正式に書きます。

（7）【特許出願人】　権利者となる者を書きます。【識別番号】、【住所又は居所】、【氏名又は名称】、【電話番号】の項目を、正確に書きます。出願人の「印（朱肉印）」を忘れないようにしてください。

捺印する場合の注意点

①発明者の所には捺印は不要です、意外と間違いが多いので注意して下さい。

②捺印をする時、出願人の氏名や住所に重ならないよう、押印して下さい。印影が文字に重なり、不鮮明になります。

×山田　太郎　　　　氏名と印が重なっています

○山田　太郎　　　　　余白のところに押印して下さい

③特許庁に最初に提出した出願書類に用いた印は、その後同じ印を用いないと、印鑑が違うと言われます。印鑑に特許庁用印等を記載したラベルを貼ることをお薦めします。

【識別番号】は、特許庁から事前に通知を受けている者が、その番号を書きます。番号がなければ書く必要はありません。書かないときは、欄そのものを省いてください。

　出願後に特許庁から知らせてくれます。

（８）【提出物件の目録】は、「実物見本」のように書いてください。「特許請求の範囲、明細書、図面、要約書、」は、何ページ（何枚）になっても「１」と書きます。

「**特許請求の範囲１、明細書１、図面１、要約書１**」と書きます。「１」は、一通という意味です。

　※間違えて、各書類のページ数を書かれる方がいますが、ページではなく、「一通」書類を揃えましたという意味です。

　書面による書式を説明していますが、「願書」の【提出物件の目録】の記載順序は電子出願の書式とは異なりますので、注意して下さい。特許庁に問い合わせてみましたが、同じではないとのことです。電子出願の【提出物件の目録】の記載順番は「**明細書１、特許請求の範囲１、要約書１、図面１**」です。

　順番が間違っているからといって、方式審査で受け付けられないということはありません。必要な書面が整っていれば問題はありません。

3.「明細書」の書き方

【書類名】　　　　　　明細書
【発明の名称】
【技術分野】
　【０００１】

【背景技術】
　【０００２】

【先行技術文献】
　【特許文献】
　【０００３】
　【特許文献１】
　【非特許文献１】
【発明の概要】
　【発明が解決しようとする課題】
　【０００４】

　【課題を解決するための手段】
　【０００５】

　【発明の効果】
　【０００６】

【図面の簡単な説明】
　【０００７】

【発明を実施するための形態】
　【０００８】

【符号の説明】
　【０００９】

　用紙は、Ａ４（横21㎝、縦29.7㎝）サイズの白紙を縦長にして使います。用紙の左右、上下に２㎝の余白を取ります。説明用のワクの線は、Ａ４（横21㎝、縦29.7㎝）サイズの大きさをあらわしています。

「明細書」は、発明の内容を文章で説明するところです。「明細書」の形式は決まっています。

　見本にあるように、【書類名】、【発明の名称】、【技術分野】、……の項目を作り、それぞれを書きます。

　次に、書くべき各項目と要領を説明します。

「明細書」を書く上で心がけることは、発明の内容を充分に詳しく説明することです。説明不足を、後で追加（新規事項の追加）をすることはできません。だから、くどいくらい詳しく書くことが大切です。

【段落番号】

　各々の項目の下に【０００１】、【０００２】、【０００３】、……、のように４桁のアラビア数字で「段落番号」をつけます。

　数字やカッコは、すべて全角文字です。

「段落番号」は、見本にあるように【技術分野】から【符号の説明】まで、項目の下の行に必ず付けてください。必要に応じていくつでも段落番号を付けることが可能です、目安としては２００字で段落番号を付けましょう。息継ぎが出来る方が読み易いので、長文ですと、何を書いてあるのか、何度も読み直してしまいます。

　出願後補正をするときに、この段落番号単位で補正できます。

　次に、書くべき各項目と要領を説明します。

（1）【書類名】　　明細書

（2）【発明の名称】
　発明の内容が簡単明瞭にわかるような、名称を書きます。

（3）【技術分野】
　　　【０００１】
　発明全体の概要（あらまし）を説明します。

【技術分野】
　【０００１】
　本発明は、………………………………………………………………
……………………………………○○○○に関するものである。
　※ ○○○○には、発明の名称を書きます。

（4）【背景技術】
　　　【０００２】
　この発明完成以前の、従来の技術、状況を説明します。

【背景技術】
　【０００２】
　従来、………………………………………………………………………。

（5）【先行技術文献】
　　　【特許文献】
　　　【０００３】
　　　【特許文献１】　特開○○○○ － ○○○○○○号公報
　　　【特許文献２】　特開○○○○ － ○○○○○○号公報

関連する特許公報などを書きます。

【特許文献1】、【特許文献2】と表示して、その公報の番号を書きます。

【非特許文献1】雑誌、本、カタログ、学会発表の論文等の名称、発行所、発行日、掲載ページを書いて下さい。

（6）【発明の概要】

【発明の概要】は、本発明がどのような問題を解決するのか、問題を解決した技術の内容、また、本発明による効果、これらを【発明が解決しようとする課題】、【課題を解決するための手段】、【発明の効果】の3項目に分けて書きますので、ひとマスずらして項目を書きます。

【発明の概要】

【発明が解決しようとする課題】

【0004】

本発明で解決しようとする従来の欠点や問題点を述べます。

【課題を解決するための手段】

【0005】

発明の技術内容を理解できるように構成（仕組み）を説明します。つまり、本発明がどのような部品でどのように組み立てられているか、構成を説明します。

なお、「特許請求の範囲」は、「課題を解決するための手段」と同じように書きます。

【発明の効果】

【0006】

発明のメリットを述べて、従来の問題点がいかに解決されてい

るかを説明します。

【発明の概要】
　【発明が解決しようとする課題】
　【０００４】
これは、次のような欠点があった。
（イ）……………………………………………………………………。
（ロ）……………………………………………………………………。
本発明は、以上のような欠点をなくすためになされたものである。
　【課題を解決するための手段】
　【０００５】
　……………………………………………………………………………。
　本発明は、以上の構成よりなる○○○○である。
　【発明の効果】
　【０００６】
（イ）……………………………………………………………………。
（ロ）……………………………………………………………………。

（７）【図面の簡単な説明】
　　　　【０００７】
　図面に描いたそれぞれの図が、何を表している図であるかを説明する欄です。
　【図１】、【図２】、……、がどのような図であるのか、各図を簡単に説明します。

　　　【図面の簡単な説明】
　　　　【０００７】

112

　　【図１】　本発明の○○図である。
　　【図２】　本発明の○○図である。

（８）【発明を実施するための形態】
　　【０００８】
　発明を「実施」できるように、「構成」と「使用例」をなるべく具体的に詳しく説明します。（※「実施」とは、発明を製造、販売をすることをいいます。）
　前項の【課題を解決する手段】で書いたことをさらに詳しくします。材料、形状、部品の位置関係、取り付け方、必要に応じて数量や数値など、これらをなるべく詳しく書いてください。実際に商品にする場合の発明を実施するため形態を書くわけです。
　発明の構成が複雑なときは、全体をいくつかに分けて、（イ）、（ロ）、（ハ）、……、というように個条書きにすると、書きやすくなります。
　次に発明の使用例を説明します。書き出しに、「本発明を使用するときは、……」という慣用句を書くと、区切りよく使用例を説明できます。これも省略しないで詳しく説明しましょう。

　※前段は　「構成（構造）」を書いて下さい。後段は　「使用するとき」を書いて下さい。意外と書いていない方がいますので、注意して下さい。例えば、商品を購入した者が、「取り扱い説明書」を読んで、その通りにすれば使用する手順など悩まなくてすみます。取扱説明書のように、発明の内容を、審査官に理解してもらうためです。ここでの記載は発明を把握する上での重要な内容です。

【発明を実施するための形態】
　【０００８】
　以下、本発明を実施するための形態について説明する。
……………………………………………………………………………………。
……………………………………………………………………………………。

　本発明は、以上のような構造である。
　本発明を使用するときは、………………………………………………。
……………………………………………………………………………………。

　　※本発明は……、を使用するときは、段落番号【○○○○】を挿入すると、読みやすいです。

（９）【符号の説明】
　　【０００９】
　　図面中に書いた符号の部品名を書きます。

【符号の説明】
　【０００９】
　　　１　○○○
　　　２　○○○
　　　３　○○○
　　…　………
　　…　………

4.「特許請求の範囲」の書き方

【書類名】　　　特許請求の範囲
【請求項1】

※文章は、一文で書きます。文の途中に、句点（くてん）「。」を付けないでください。

用紙は、Ａ４（横21㎝、縦29.7㎝）サイズの白紙を縦長にして使います。用紙の左右、上下に2㎝の余白を取ります。

説明用のワクの線は、Ａ４（横21㎝、縦29.7㎝）サイズの大きさをあらわしています。

「特許請求の範囲」は、権利範囲となる大切なところです。特許の権利は、問題をどのようにして解決したのか、その手段が権利になります。手段とは、つまり「構成」です。目的、効果が権利になるのではありません。

　したがって、必要不可欠の基本的な構成を明確に書くことが、上手な権利の取り方です。

　明細書の【課題を解決するための手段】と同じように書きます。明細書に書かれていないことを「特許請求の範囲」に書いてはいけません。

◆特許の分野では「特許請求の範囲」を「クレーム」と読んでいますので、クレームの記載はと問われたら、特許請求の範囲のことだと覚えて下さい。

【書類名】　特許請求の範囲
【請求項 1】

　見本にあるように、【書類名】　特許請求の範囲、【請求項 1】と表して、明細書に書いた中から必須の構成を書きます。書かれていないことを権利範囲とすることはできません。

　文章の途中を句点「。」で区切ってはいけません。

　○○……○○。○○……○○。……○○……○○。はダメ。

　途中は読点（とうてん）「、」で区切りながら、一文章にして書いてください。

　末尾は、「発明の名称」を書いて「。」締めくくります。

　○○……○○、○○……○○、……○○……○○。

　　　　　　　　　　　　　　　※発明の名称

特許請求の範囲を複数項で記載する場合の例

【請求項1】

　【請求項2】

　【請求項3】……のように、全体を区分けして複数の請求項で記載することができます。構造に複数の応用例があるときは、複数項で記載すると便利です。

【書類名】特許請求の範囲

　【請求項1】

　（イ）挟み具（1）の各腕部（2）の先端に（四角形状の）挟み板（3）を設ける、

　（ロ）挟み具（1）の後部の　内側にリール（8）を設ける、

　（ハ）挟み板（3）の間に紐（6）を橋渡し、紐（6）に糸通し穴（7）を設ける、

　　以上のように構成されたカニ釣り具。

　【請求項2】

　　挟み板に複数の小穴を貫通させた請求項1のカニ釣り具。

　【請求項3】

　　挟み板は内側の周辺に複数の凸部を設けた請求項1又は請求項2のカニ釣り具。

　請求項ごとに行を改め、各項に【請求項1】【請求項2】【請求項3】……のように、請求項の番号を記載します。

　第2項以下で、他の請求項を引用するときは、その請求項の番号をつけて、例えば「……請求項1のカニ釣り具。」というように記載します。この場合のように、他の請求項を引用して記載す

るときは、その項より前に記載してある請求項を引用します。

　後に記載してある請求項を引用することはできません。例えば第2項を記載するときに、第3項を引用することはできません。前の第1項を引用することはできます。

　請求項の数が多いか少ないかで、特許出願手数料が変わることはありません。しかし、出願審査請求料、特許料が変わってきます。請求項の数が多いほど、金額が高くなります。

5．「要約書」の書き方

【書類名】　要約書

【要約】

【課題】　……………………………………………………………

…………………………………………○○○○を提供する。

【解決手段】　………………………………………………………

……………………………………………………………………

………を特徴とする。

【選択図】

　※ ○○○○には、発明の名称を書きます。

　用紙は、Ａ４（横21cm、縦29.7cm）サイズの白紙を縦長にして使います。用紙の左右、上下に2cmの余白を取ります。

　説明用のワクの線は、Ａ４（横21cm、縦29.7cm）サイズの大きさをあらわしています。

「要約書」は、明細書に書いた発明の要点だけを簡潔にまとめたものです。権利範囲には関係がないので、要領よくまとめることを心がけてください。

　全体を４００字以内で簡単にまとめます。余白も一文字でカウントしますので、注意して下さい。

　このとき、【課題】と【解決手段】の項目を付けて、各々に書きます。

　【選択図】は、発明の内容を理解するために、図面に描いた中で最もわかりやすい図の番号を「図○」と書きます。【選択図】の余白に図を描くことはしません。

　複数の図を選んではいけません。必ず代表的な図を１つだけにしてください。

　※要約書に記載する符号は（８）のように括弧を用いてはいけません、８のように番号だけを書いて下さい。

【選択図】　図１

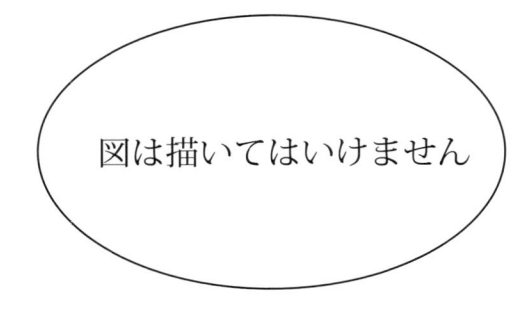

6.「図面」の描き方

【書類名】　図面
【図１】

　用紙は、Ａ４（横21cm、縦29.7cm）サイズのトレーシングペーパー、または、白紙を縦長にして使います。図は、用紙「Ａ４（横21cm、縦29.7cm）サイズ」の横17cm、縦25.5cmをこえないように描きます。

「図面」は、わかりやすく描くことが大事です。図の枚数に制限はありません、複数ページになっても大丈夫です。複数ページのときは、右上端にページ番号を付けます。

用紙「Ａ４（横21cm、縦29.7cm）サイズ」のトレーシングペーパー、または、白紙を縦長にして用い、黒色（製図用ペン、黒インク）で鮮明に描いてください。

まず、「【書類名】　図面」と書きます。

【書類名】　図面

【図１】

2つ以上の図があるときは、発明の特徴をもっともよく表わす図を【図１】として、以下【図２】、【図３】のように連続の番号を付けます。

また、2つ以上の図を、横に並べて描いてはいけません。必ず、上下に並べます。

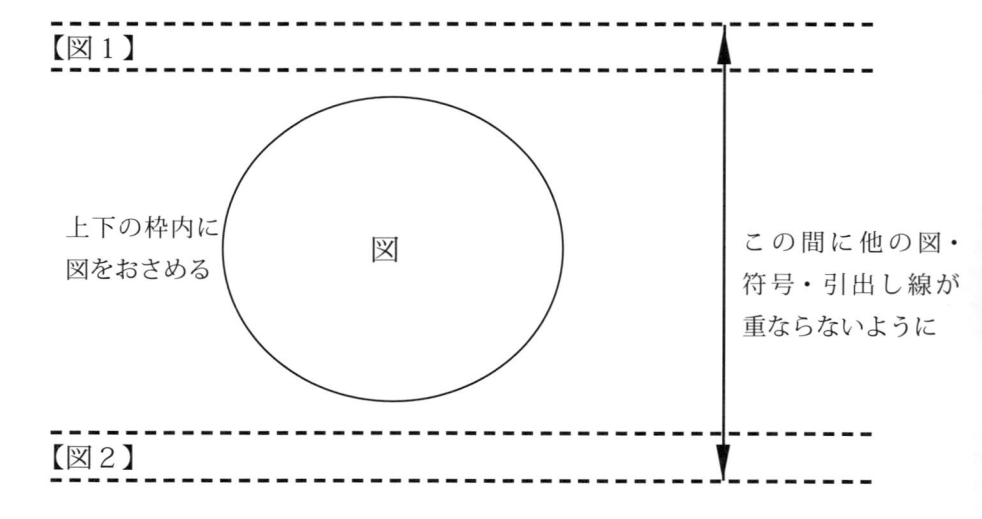

■線の太さと種類

①実線は、０.４㎜の太さにしてください。ただし、引出線は０.２㎜の太さです。

②点線、および鎖線は、０.２㎜の太さにして下さい。

■線の種類と解説

実線（太線）　━━━━━━━━━

　　　　　物品の形状、輪郭を表す線です。

実線（細線）　────────

　　　　　引出線、寸法線、断面図の平行線等に使います。

破線　　　　　－－－－－－－－－

　　　　　見えない部分の形状、輪郭を表す線です。

一点鎖線　　　━・━・━・━・━

　　　　　中心線や切断線に使います。

二点鎖線　　　━・・━・・━・・━

　　　　　想像線に使います。

■切断面の描き方

　図の切断面には、平行線を引き、その切断面中異なる部分を表わす切断面には、方向を異にする平行線を引きます。それができないときは、間隔の異なる平行斜線を引きます。

■符号と部品名の大きさは 5㎜平方の大きさです。

　符号は①②……のように○付き数字を使用してはいけません。

■図の描き方

　黒色（製図ペン、黒インク）で鮮明に描きます。着色してはいけません。

ＣＡＤ（キャド）で立体図を描くのが主流ですが、手書きでも丁寧に鮮明に描けば問題ありません。図は発明の顔にあたりますので、印象のよい顔の図に仕上げましょう。

　製図用の鉛筆で描いて、電子コピーをした図にすれば、問題ありません。

　写真は顕微鏡写真のような特殊な写真以外は不可です。

　※最近は、認められていないのですが、公報には図面代用として写真が掲載されているものが見受けられます。

7.「特許願」実物見本

```
┌──────┬──────┬──────┬──────┬──────┐
│ 特  許 │ 特  許 │ 特  許 │ 特  許 │ 特  許 │
│      │      │      │      │      │
│      │      │      │      │      │
│ 印  紙 │ 印  紙 │ 印  紙 │ 印  紙 │ 印  紙 │
└──────┴──────┴──────┴──────┴──────┘
```

（14,000円)
【書類名】　　　　　　特許願
【整理番号】　　　　　Ｐ－2017－01
【提出日】　　　　　　平成○○年○月○○日
【あて先】　　　　　　特許庁長官　殿
【国際特許分類】
【発明者】
　　【住所又は居所】　○○県○○市○○町○丁目○番○号
　　【氏名】　　　　　○○　　○○
【特許出願人】
　　【識別番号】
　　【住所又は居所】　○○県○○市○○町○丁目○番○号
　　【氏名又は名称】　○○　　○○　　　　　　（印）
　　【電話番号】　　　○○－○○○○－○○○○
【提出物件の目録】
　　【物件名】　　　　特許請求の範囲　　　1
　　【物件名】　　　　明細書　　　　　　　1
　　【物件名】　　　　図面　　　　　　　　1
　　【物件名】　　　　要約書　　　　　　　1

【書類名】　　　　明細書
【発明の名称】　ちょうやく運動具
【技術分野】
　【０００１】
　本発明は、足ぶみ板にバネを付けたちょうやく運動具に関するものである。
【背景技術】
　【０００２】
　従来、靴の底に板バネなどを付けたちょうやく運動具があった（特許文献１参照）。
　また、靴の下にコイルバネを介してちょうやく板を付けた運動具があった（特許文献２参照）。
【先行技術文献】
　【特許文献】
　【０００３】
　【特許文献１】　特開平６－１８９８０１号公報
　【特許文献２】　実用新案登録第３０３７８５１号公報
【発明の概要】
　【発明が解決しようとする課題】
　【０００４】
　そのために次のような問題点があった。
（イ）足にはいてちょうやくするので、コントロールしながらちょうやくするのが大変難しかった。
（ロ）飛びそこねて、足首をねんざする事故がおきがちであった。
　本発明は、これらの問題点を解決するためになされたものである。
　【課題を解決するための手段】
　【０００５】
　中空軸の上部にハンドルを設け、中空軸の下部に足ぶみ板を設ける。
　中空軸に自由に出入りするすべり軸を設ける。
　そのすべり軸の下端と足ぶみ板との間に弾性体を装着する。
　以上を特徴とするちょうやく運動具である。
　【発明の効果】
　【０００６】
（イ）手足を使ってバランスをとりながら、安定性のあるちょうやく運動をすることができる。
（ロ）飛びそこねることもなく、また、足首をねんざすることもなく、きわめて安全である。

【図面の簡単な説明】

　【０００７】

　　【図１】　本発明の斜視図である。

　　【図２】　本発明の一部を切り欠いた側面図である。

　　【図３】　本発明の他の実施例を示した斜視図である。

【発明を実施するための形態】

　【０００８】

　　以下、本発明の実施の形態について説明する。

（イ）中空軸（１）の上部に棒状のハンドル（２）を設け、下部に長方形状の足ぶみ板（３）を設ける。

（ロ）中空軸（１）の下部に、自由に出入りするすべり軸（４）を設ける。

（ハ）すべり軸（４）の下端と足ぶみ板（３）との間に、コイル状のバネ（６）を装着する。

（ニ）すべり軸（４）の下端に弾力ゴム（５）を装着する。

　　本発明は以上のような構成である。

　　本発明を使用するときは、ハンドル（２）を握った後、中空軸（１）を挟むようにしながら足ぶみ板（３）の上に両足をのせ、ひざを屈伸させて上下運動する。

　　ひざの屈伸運動により、バネ（６）が伸縮運動を起こして、身体全体が本発明と一体となってちょうやく運動をはじめる。

　　しかもすべり軸（４）の下端に弾力ゴム（５）を付けているために、着地の衝撃をおさえながら安定してちょうやくできる。

　　また、図３に示すように、コイル状のバネ（６）の代わりに、強力な弾力性スポンジ（７）をすべり軸（４）の下端と足ぶみ板（３）の間に装着してもよい。

　　ひざの屈伸運動により、弾力性スポンジ（７）が圧縮運動を起こして、身体全体が本発明と一体となってちょうやく運動をはじめる。

【符号の説明】

　【０００９】

　　　１　中空軸

　　　２　ハンドル

　　　３　足ぶみ板

　　　４　すべり軸

　　　５　弾力ゴム

　　　６　バネ

　　　７　弾力性スポンジ

【書類名】　特許請求の範囲
【請求項1】
　中空軸の上部にハンドルを設け、中空軸の下部に足ぶみ板を設け、中空軸に自由に出入りするすべり軸を設け、そのすべり軸の下端と足ぶみ板との間に弾性体を装着したことを特徴とするちょうやく運動具。

【書類名】　要約書
【要約】
【課題】　本発明は、足ぶみ板にバネを付けたちょうやく運動具を提供する。
【解決手段】　中空軸の上部にハンドルを設け、中空軸の下部に足ぶみ板を設け、中空軸に自由に出入りするすべり軸を設け、そのすべり軸の下端と足ぶみ板との間に弾性体を装着したことを特徴とするちょうやく運動具。
【選択図】　図1

【書類名】 図面
【図1】

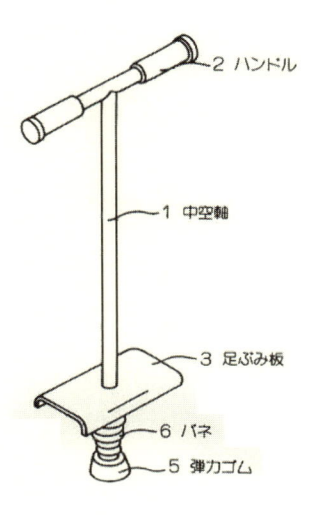

2 ハンドル
1 中空軸
3 足ぶみ板
6 バネ
5 弾力ゴム

【図2】

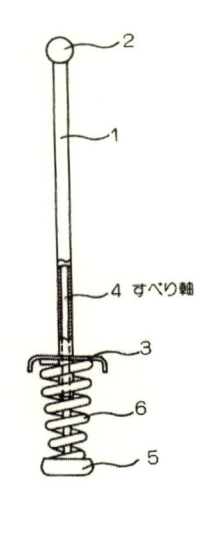

2
1
4 すべり軸
3
6
5

【図3】

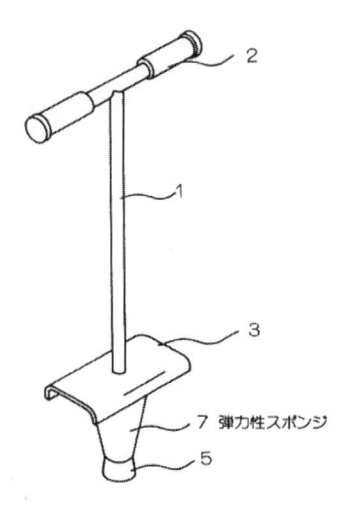

第8章

出願から
権利消滅までの解説

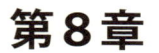

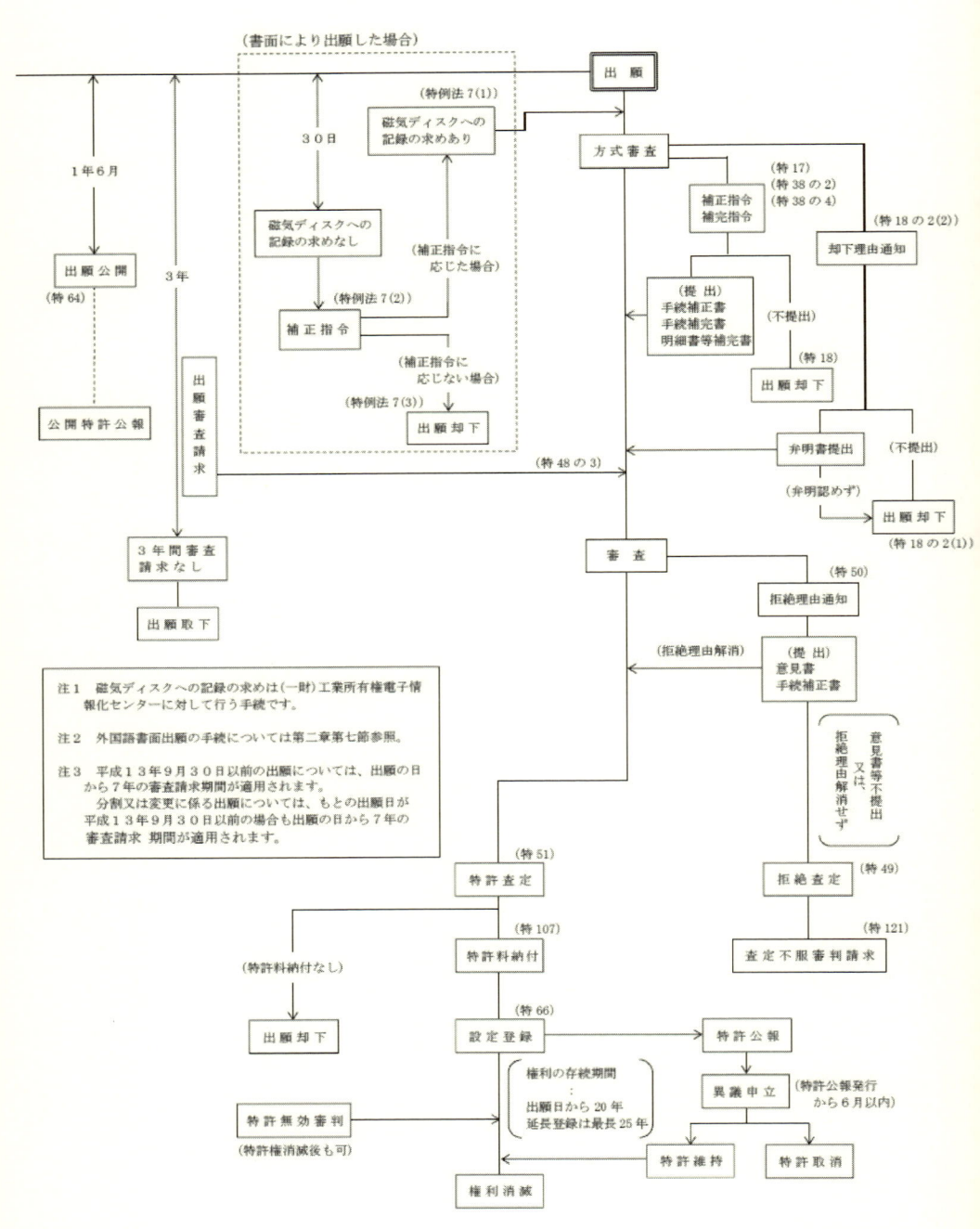

特許庁ＨＰより

1. 特許出願後のながれ

　出願後の流れを知らないと、出願はしたものの、権利がどのようになるのか分からないので、出願から登録、消滅までの流れを知っておく必要があります。

　出願をしたので、もう権利が取れたと思っているかもしれません。そんな人のために、出願から登録、そして権利消滅までの道のりを説明します。

特許出願とは

　特許庁に出願書類を作成して提出することをいい、特許庁に提出した日が出願日となります。出願したから権利が取れたと思わないでください。

出願公開とは

　特許出願の日から、1年6カ月を経過したときに、特許出願した内容が公開公報に掲載されます。公報に掲載されると、一般の人が誰でも見られる状態になります、特許情報プラットホームから内容が見ることができます。出願公開は、出願の取り下げなどがあったものを除き、原則としてすべての特許出願の内容が公開されます。

　最近は個人情報について神経質になっている関係で、公報には住所が掲載されなくなっています。本来、公開の原則からするとその必要があるのかという個人的な印象はあります。例えば、興味ある技術内容で技術を採用したい場合、連絡しようにもできないことになります。逆の場合も同じことがいえます。

出願審査請求と取り下げとは

　特許を出願しただけでは、特許庁は権利にするかの審査は行ないません。出願された発明が特許になるかどうかは、審査請求書を提出して約13万円支払うことで、特許庁の審査官が審査（実体審査）をした後、判断されます。

　この実体審査の手続きに入るには、出願日生から3年以内に「出願審査請求書」を作成して、特許庁に提出する必要がありますが、3年以内に審査請求を行なわないと、「取り下げ」とみなされます。

　※審査請求については、9章で説明してあります。

方式審査とは

　出願された書類が法令で定められた方式要件に適合しているか、否かがチェックされます。これを方式審査と言います。入口の所で、間違わないように、出願書類をしっかりと確認の上で提出することです。

実体審査とは

　方式審査がクリアになり、出願審査請求がなされた出願は、審査官によって特許になるかどうかの実質的な審査が行なわれます。審査官は分野別に分かれていますので、該当する分野の審査官が担当します。

拒絶理由通知・意見書・手続補正書とは

　実体審査で審査官が審査をした結果、拒絶の理由がある場合に、出願人に拒絶理由通知を発送します。出願の80%は拒絶通知を受けますので、特許庁とのやりとりは、これからがスタートだと思ってください。恐れることはありません。

受け取った拒絶の理由を判断して、審査官に意見を述べる意見書と出願の内容について補正する内容の手続補正書を審査官に送り、補正した内容によって、理由が解消した旨の手続をお願いすることができます。

特許査定とは

審査官が審査した結果、拒絶の理由を発見しなかった場合、あるいは意見書や手続補正書の提出によって、拒絶の理由が解消された場合には、審査官は「特許査定」を行ない出願人に通知をします。

特許権の成立とは

権利を発生させるためには、特許査定の謄本が特許出願人に送達された後、30日以内に1〜3年分の特許料を一括して納付する必要があります。納付があったときには、特許庁の登録原簿に「特許権の設定の登録」が行なわれて、特許権の登録が発生します。

特許権の維持をするには

特許権の存続期間は、出願から最長20年ですが、継続して納付期限内に年金の納付をしなければなりません。ですから、年金の登録管理をする必要があります。もし、権利が必要なければ特許料の納付を行なわないと、特許出願の却下処分がされてしまいます。権利満了まで維持するには年金の納付を忘れないようにしてください。

特許権の消滅とは

納付期限に年金の納付がないと、権利が消滅します。

第９章

ここだけの得する情報

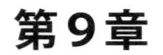

1. 相談窓口を利用しよう

特許庁の相談窓口

問い合わせ先

独立行政法人　工業所有権情報・研修館

知財活用支援センター　相談部

※産業財産権に関する一般相談が無料で受けられます

住所　〒100-0013　東京都千代田区霞が関３－４－３
(特許庁庁舎２階)

電話　03-3581-1101 (内線2121 ～ 2123)

◆主要交通機関

○丸の内線・千代田線・日比谷線：霞が関駅 (出口A-13) 徒歩
７分

○丸の内線・千代田線：国会議事堂前駅 (出口３番) 徒歩５分

○銀座線：虎ノ門駅 (出口５番) 徒歩４分

○南北線・銀座線：溜池山王駅 (出口８番) 徒歩５分

特許庁ＨＰより抜粋

日本弁理士会の活用

特許・実用新案・意匠・商標の出願手続、調査、鑑定、異議、申
立、訴訟、外国の制度や知的財産全般について、弁理士に無料で
相談に応じてもらえます。

常設知的財産相談室とは？

日本弁理士会館１階に設置された相談室ブースを利用して、弁理士が「無料」で行う知的財産に関する相談会です。特許、意匠、商標などの知的財産に関することについて、権利化や侵害等に関する調査、出願手続、権利侵害、ライセンス契約その他のお悩みや問題を、担当の弁理士にお気軽にご相談ください。

※毎週木曜日：著作権相談専門の「著作権相談室」も同時開設中。

【事前にご確認下さい】

1. ご来訪による相談はインターネット予約または電話予約をお願いします。

2. 電話相談についてはご来訪の相談者がいない場合に限ります。

3. FAX、メールでのご相談は受け付けておりません。

4. 相談時間は１回30分以内です。

5. 限られた時間と資料の範囲内での相談会のため、回答に限度があります。

6. 相談内容によっては応じかねる場合もあります。

7. 担当弁理士が変更になることがあります。

なお、弁理士及び日本弁理士会は当室での回答に法的責任を負わないことをご了承下さい。

産業財産権相談サイト

知的財産相談・支援ポータルサイト

所在地：〒 100-0013　東京都千代田区霞が関３－４－３
　　　　　　　　　　（特許庁庁舎２階）

相談日：開館日（国民の祝日、年末年始を除く月曜～金曜）

相談時間：窓口９：00 ～ 17：45　電話８：30 ～ 19：00

問い合わせ方法：電話 03-3581-1101（内線 2121 ～ 2123）
　　　　　ＦＡＸ 03-3502-8916　Ｗｅｂ問い合わせフォーム

知財総合支援窓口

知財総合支援窓口について

工業所有権情報・研修館は、特許や商標など知的財産に関する様々な悩み・課題について、アイデア段階から出願支援、海外展開まで、幅広く相談を受け付ける「知財総合支援窓口」を全ての都道府県に設置しています。窓口にいる支援担当者のほか、弁理士・弁護士・中小企業診断士など様々な専門家や、関係する支援機関とも連携して、ワンストップサービスを提供しています。

知財総合支援窓口の詳細は

知財総合支援窓口WEB「知財ポータル」をご参照ください。

全国共通ナビダイヤル：0570-082100

（注）お近くの知財総合支援窓口につながりますので、ご利用ください。

発明推進協会

2. 特許料・審査請求等の減免

　審査請求料は約 13 万円かかります。個人発明家にとっては大きな負担となります。特許庁では特許権を取得・維持するために必要な手数料等の内、「審査請求料」と「特許料」について、一定の要件を満たす場合は、特許庁に納付する金額が減免される制度があります。

　一定の要件とは何か、この要件を満たすためにはどうすればよいか、説明します。これは割と多い相談項目です。減免措置があることは聞いているが、どのように手続きを行なったらよいか説明します。

個人の方を対象とした審査請求料、特許料等の減免・猶予措置について

要件	特許			実用新案*	
	審査請求料	特許料(第1年分から第3年分)	特許料(第4年分から第10年分)	技術評価の請求手数料	登録料(第1年分から第3年分)
生活保護を受けている者	免除	免除	1/2軽減	免除	免除
市町村民税非課税者	免除	免除	1/2軽減	免除	免除
所得税非課税者	1/2軽減	1/2軽減	1/2軽減	1/2軽減	3年間猶予
事業税非課税の個人事業主	1/2軽減	1/2軽減	1/2軽減	-	-
事業開始後10年を経過していない個人事業主	1/2軽減	1/2軽減	1/2軽減	-	-

提出書面

要件	添付書面[1]
生活保護を受けている者	生活保護を受けていることを証する書類
市町村民税非課税者	市町村民税非課税証明書[2]
所得税非課税者	所得税が課されていないことを証する書類[3]
事業税非課税の個人事業主	事業税が課されていないことを証する書類[4]
事業開始後10年を経過していない個人事業主	事業開始届

　お勤めされているご主人が出願人ですと、減免の対象になりません。出願の願書には、出願人を働いていない奥さんにすると、減免の対象になりますので検討しましょう。発明者にご主人の名前を残しておけば発明者としては残ります。審査請求は出願人以外でも、他人でもできます。減免に該当する者であれば、可能です。

手続きについて
①減免申請は、出願審査請求又は特許料納付の際に、同時に特許庁へ申請をします。
②減免申請する際に納付する審査請求料又は特許料は、減免後の金額を納付します。
③個人で特許料が免除される年分については「特許料納付書」を提出する必要はありません。
④減免申請書及び添付書類（証明書等）は書面（紙）でしか提出できません（オンラインは不可です）。

対象になるか、フローチャートにあてはめてみましょう。

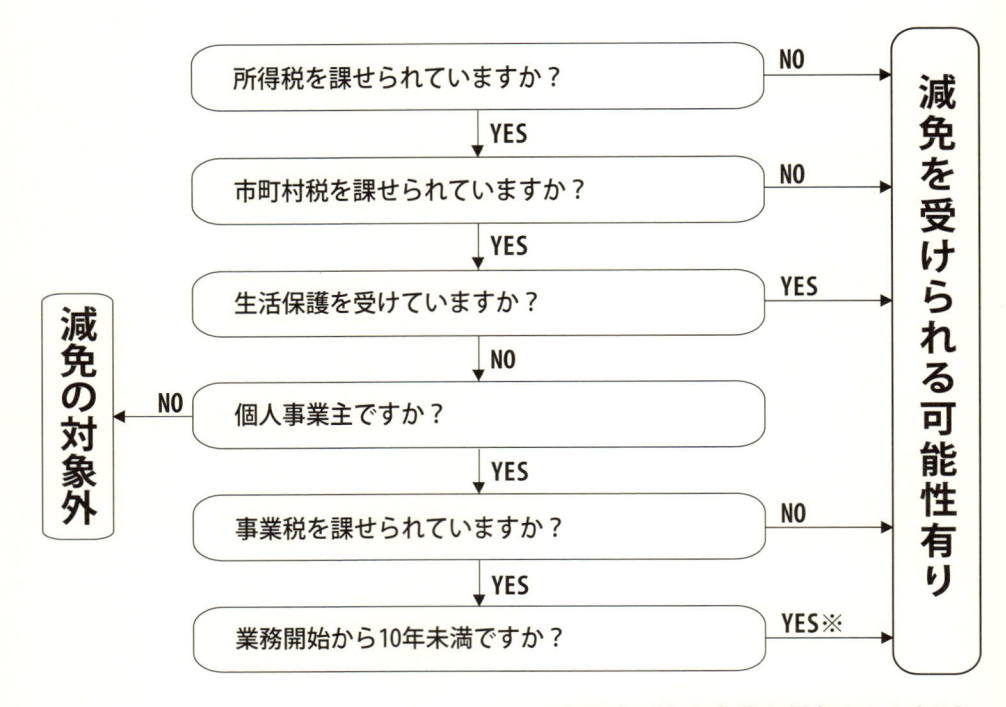

※研究開発型中小企業を対象とした軽減措置を受けられる可能性が有ります。

※研究開発型中小企業を対象とした軽減措置

○審査請求料、特許料等の減免措置の問合わせは下記のとおりです。

・特許庁　審査業務部審査業務課方式審査室…審査請求料
　電話　03-581-1101（内線 2616）
・特許庁　審査業務部審査業務課登録室…特許料
　電話　03-581-1101（内線 2707）

3. 識別番号を忘れてしまった、どうしよう

　特許庁へ初めて出願すると、出願番号通知と同じ頃に「識別番号」の通知が届きますので、大切に保管しておく必要があります。この識別番号は、特許庁に対しての会員登録番号のようなものです。識別番号は今後特許庁に手続きをするときには、必ず記載をしなければいけません。

　特許庁の手続きは、忘れたころに書類を作成する必要が生じます。その時、管理が悪く忘れてしまうと、大変慌てることになります。

　そんな時どうするか、まず「特許庁出願支援課申請人　登録担当」に連絡して下さい。これで解決はできますが、管理はしっかりとしましょう。

電話　03-3581-1101（内線2764）

ＦＡＸ　03-3501-6010

4. アイデアは著作権で保護されません

　特許権や実用新案権を権利化するには、費用と時間がかかるので、発明やアイデアを保護するため、比較的簡単な著作権の登録をしたいとの要望があります。しかし、発明やアイデアは著作物ではないので、著作権による保護はありませんので、間違った都合の良い理解は止めましょう。特許庁では以上の点について説明をされています。

　※著作権は、「申請」「登録」等の手続きを一切必要とせず、著作物を創作した時点で、自動的に発生する権利です。

5. 審査請求はいつ行なった方がよいか？

審査請求は出願から3年以内に行なわないと、取り下げとみなされます。だからといって出願と同時にするのはどうか、よく考えてみましょう。

代理人に出願を依頼すると、同時にする傾向があります。代理人としては、手離れが良く、権利化になれば成功報酬が発生するので、結果を早く求めるために同時にします。そのため、出願料に審査請求料を加算すると、費用が膨らみます。

出願したからといって、それが商品化されるかはわかりません。出願するには、方式が整っていれば出願はできるものです。

しかし、それに比べて売り込みは中々難しいです。売り込む側と商品化を受ける側とのお見合いが成立しないと出来ません。

そのような状況で、出願と同時に審査請求料約13万円を納付するのはやめましょう。出願後、売り込みを行ない、3年以内に商品化の見込みがないと判断したら、権利化をしても意味がなくなるので審査請求は必要なくなります。

個人発明家には、上記したアドバイスをしていますが、商品の事業化が決まっている場合は、あくまでタイミングを計りながら、さらに競合メーカーの動向を見たうえで行なうことがベターだと思います。

6. 実用新案の活用は、どのようにするか

出願書類の書き方は、特許出願とほぼ同じです。願書と「発明」を「考案」と置き換えるだけです。しかし、出願と同時に登録料を3年分収める必要があります。

特許は出願手数料が14,000円に比べ、実用新案は出願手数料14,000円＋「登録料3年分（2,100円＋1請求項に

１００円加算／１年分×３）」６，６００円＝２０，６００円となり、最初に支払う費用は実用新案の方が高くなります。

　年間、特許は32万件、実用新案は７千件弱と件数を比較すると、圧倒的に特許出願が多いです。それだけの差がついているのに何故、実用新案で出願する必要があるのか。

　実用新案で出願すると、無審査ですが登録になるので、権利化されたアイデアです、として売り込みができます。技術の内容は、従来技術と比較すると工夫が一歩不足しているレベルのアイデアであることを認識したうえでの売り込みです。

　売り込んで、商品化の価値として受け入れてもらえれば、売り込みは成功したといえますし、登録されているのでアイデアの実施契約が成立します。特許出願の場合は出願中の状態で売り込み、実施契約が締結されても、権利化できないとその時点で契約が終わります。

7. 出願から商品化までの無料相談ができる窓口

一般社団法人　発明学会の活用

〒 162-0055

東京都新宿区余丁町 7 番 1 号　発明学会ビル

TEL：03-5366-8811　FAX：03-5366-8495

発明無料相談（面接）相談日

火・木・土曜日　13：00 〜 17：00（要予約）

◆交通のご案内　最寄り駅〔都営大江戸線利用の場合〕
　　　　　　　　若松河田駅下車〔河田口〕徒歩約 6 分

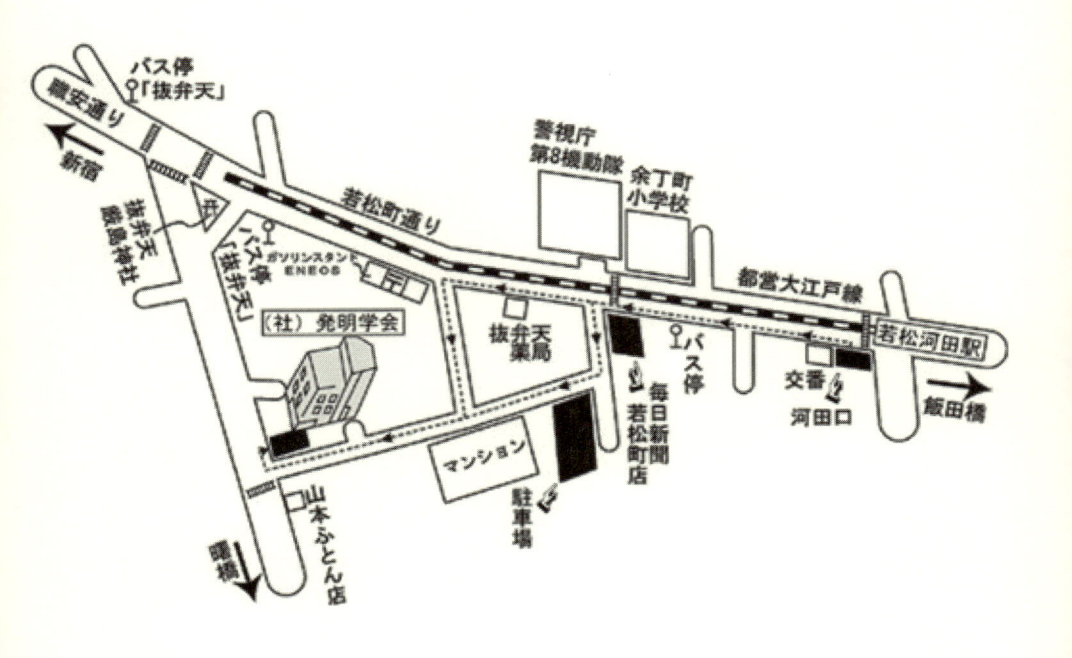

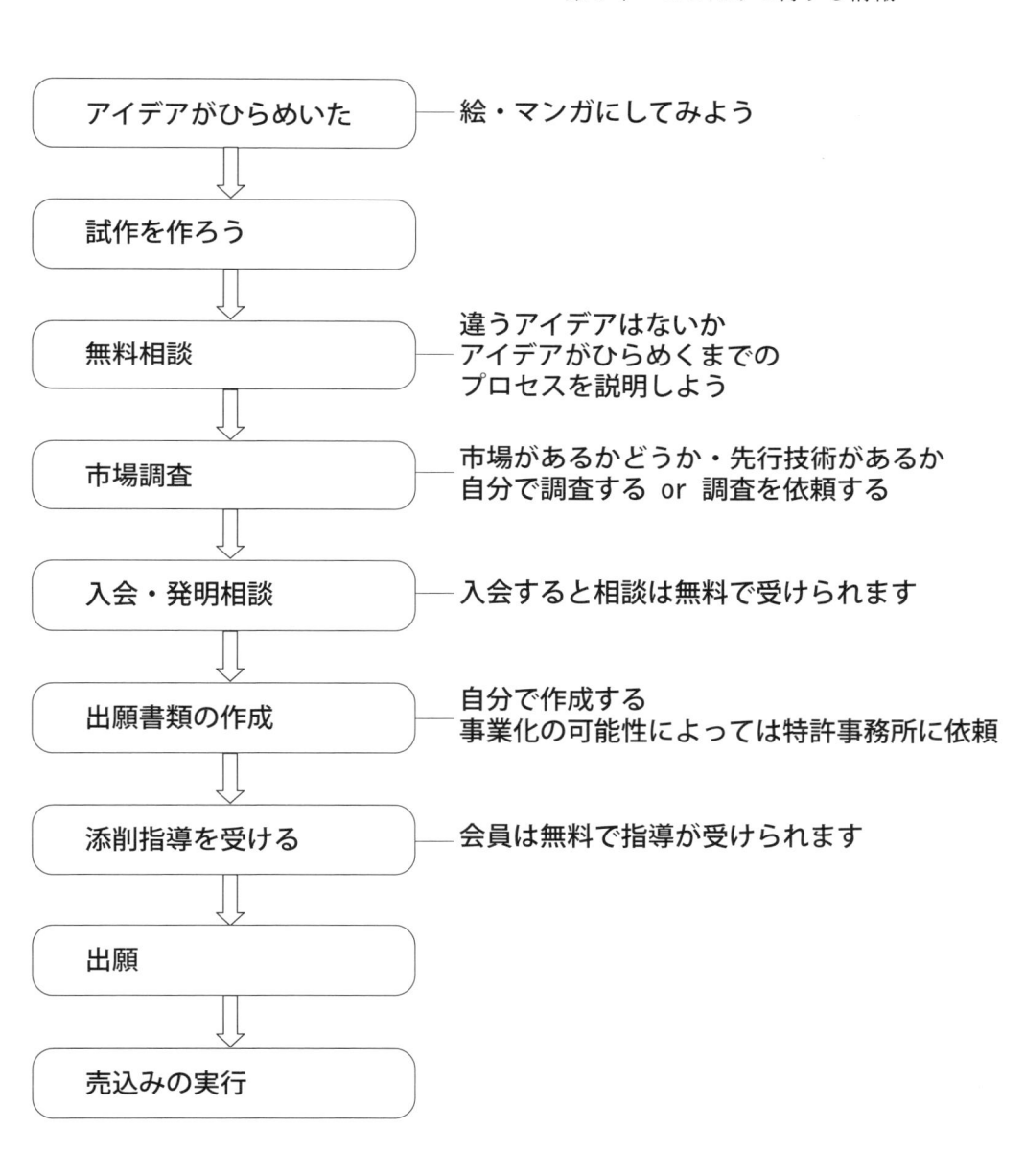

発明学会 HP より抜粋

アイデアから商品化の相談と指導を受けられます。発明学会の無料発明相談を利用しましょう。秘密は守られます。安心して、わからないこと、アイデアについて相談が受けられます。入会すると相談が無料となり、遠方の方や時間が取れない方は手紙での相談が受けられます。

発明相談はアイデア出しから商品化について、それぞれのステップでの内容について相談が受けられます。

発明相談は、最初に受けた相談員が商品化まで、最後までサポートしていますので、アイデアの内容を理解した上での適切なアドバイスを受けることができます。

出願は誰でもできますが、売り込みは大変です！

出願は特許庁に、売り込み先は未知なので「お見合い」が成立するかがキーポイント

○商品企画書（売り込みのためのプレゼン資料）の作成が必要

○大手企業には、個人発明家の売り込みは敬遠される

○公開後の発明でないと受け付けされない

○勝手に売り込んでいることを理解する必要あり

第 10 章

創造性の開発と特許

1. 創造性と特許

特許という言葉の響きを聞くと、「発明」の言葉のイメージが浮かびます。発明は、研究者や開発者だけが考えるモノではありません。

主婦が考えたアイデアがヒット商品になった、など話題は数多く聞きます。

本書では、「言葉」を大切にして、明細書作成にクレーム図解法を用いています。

■創造とは

「創造」とは、価値のある新しい物や事を生み出すものである。

発明の世界では、まさしく新しい「物」や「事」を生み出して、その成果を権利化して、独占することになります。

■創造力を発揮することは

発明では、従来にないアイデアを「工夫して」形にすることが求められています。それは「新しいこと」「オリジナルであること」です。この新しいことをどのように作り出すか、これまでにない、これまでとは違う、差別化されたものをどうやって作り出すかにあります。

■問題点・問題とはなにか

「疑問に思うこと」、「困ったこと」をたくさんあげていくことによって、「どこを」「どのように」しなくてはと、考えることになります。問題点をつくりあげることによって、アイデアのテーマが出てきます。

この時、単に困っている点があっても、問題として取り上げな

ければ、その時点で「工夫ができないものか？」の動機づけは終わってしまいます。

■問題意識を強く持てるか

　発明を前向きにとらえて、積極的に取り組んで成功している方は、現状がどのようになっているか知ることから始めています。

　単に、「意識」だけでは問題を見つけることはできないし、アイデアを出すこともできません。それには「興味」や「関心」の輪を自分の中で広げていくことです。

　さらに日頃から、情報を収集して、その情報を自分のものとして取り入れていく。問題意識を持つことによって、必ず問題を解決するための糸口が見出せます。

■問題をはっきりさせること

　問題点や困っていることの本質を、しっかりとつかむことが重要です。どこを、どうするのかを具体的にしないで、なんとなく問題だ、ではテーマの的が定まらないので、思考が迷走してしまいます。

　そこで、問題をはっきりさせるためには、クレーム図解法の解説で、示した「５Ｗ１Ｈ法」を用いることです。明細書の作成でも同じことがいえますので、是非活用して下さい。

　ＷＨＹ・ＷＨＡＴ・ＷＨＯ・ＷＨＥＮ・ＷＨＥＲＥ・ＨＯＷ

■想像とは

　想像は、「経験したことを基に、経験していないことを頭の中で考える」ことです。

　創造も経験がないとできません。未だないもの、未だ形がない

もの、これまでとは違うものを自由に描き出させる力が想像です。過去の経験や知識などから、想像という第3のイメージが作られます。

2. 頭の使い方を変えることによって、脳が活性化されます

アイデアに取り組む発明家の方が、歳を取らないのは「考えること」を日常の日課としているからです。これを、心掛けて取り組みを継続することです。

人間は20歳頃から老化が始まるといわれています。しかし、前頭葉は「考える」習慣を捨てない限り、発達します。

前頭前野は脳の司令塔で、人間の活動を支配しています。この部位の働きをあげることが脳活性化の近道です。

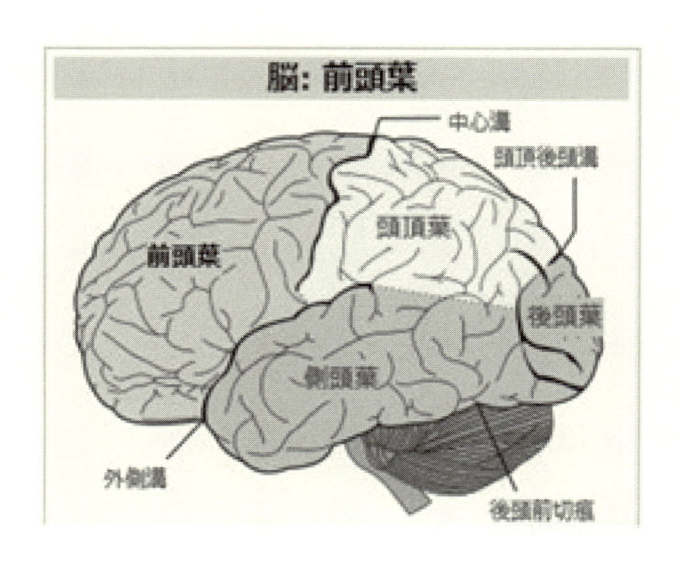

藤井四段の活躍で注目のモンテッソリー教育

　将棋の最年少プロ、藤井四段が幼稚園の時に、受けた「モンテッソーリ教育」が注目されています。

「モンテッソーリ教育」は自分で選び、集中して達成するというプロセスを大切にします。藤井四段は幼稚園の頃、夢中になったのは、色の付いた画用紙を編んで作る「ハートバック」でした。来る日も来る日も作り続けていたとのことです。

　そういえば、私の孫は長崎市の親愛大浦幼稚園に通っていますが、孫の「ハートバック」が送られてきたことがあります。その時は、こんなのを作っているのだ、くらいに思っていましたが、藤井四段の幼稚園の話を聞き、「同じものだ」と驚きました。

　後から知ったことですが、キリスト教の教えを基盤とし「モンテッソーリ教育」による縦割り保育の中で全人格的成長を目指し

ハートバック　モンテッソーリＨＰより

ている幼稚園でした。

年少の時、毎日この「ハートバック」を幼稚園で作って家に帰ってきていたそうです。

この「モンテッソーリ教育」は、集中力と手先の器用さが、卒園児の共通する特徴といいます。藤井四段の驚異的な終盤力に注目されます。「追い込まれてもあきらめないのは、自分に乗り越える力があると信じているから」です。

孫の話に戻りますが、年中の時、縄跳び大会が行なわれ、全園児の中でトップの２８３回を飛び表彰されました。これも集中力の結果では思っています。

また、折り紙はきちんと折り目に沿って折っているので、感心して見ていました。私が雑に折るとダメ出しが出ます。

夏休みに上京した時に、算数の足し算の問題を出していたところ、驚くほどの集中力で、問題に取り組んでいた光景を見て、これが「モンテッソーリ教育」の効果だと思いました。

創造性は誰にでもあるのだが、それに気づいていない人が多く、それに気づいている人は少ない。創造性はこれからでも遅くはない、繰り返しの努力で鍛えられます。

エジソンの言葉
「99％のパースピレーション（汗をかく、努力する）が１％のインスピレーションを生む」

誰にでもある創造性を大きくのばすには、粘り強い繰り返し訓練によって鍛えることが必要です。

脳にスイッチを入れる三原則

①音読・単純計算……声を出して、出来るだけ速く。

②コミュニケーション……音声入力の聴覚野だけでなく、映像イメージが頭に浮かぶことで、視覚野も働く。

③手や指を使って作業する……指先を使って、何かを作ることが重要。一日一回の「料理」が脳機能全般を高める。

3．ものの見方を変えることによって、いろいろな見方ができる

　これは傘の概念を変えたと注目された発明です。傘が濡れた状態の時、傘を畳んだ状態でそのまま置くことができ、濡れている傘の外側が内側に畳まれるので、濡れることがありません。

　考えたのは、梶本デザイオフィスの代表・梶本博司氏です。

　これはデザイナーが考えた、一輪車（ネコ）に変わるコネコという新商品です。

従来の一輪車（ネコ）

新提案の一輪車（コネコ）

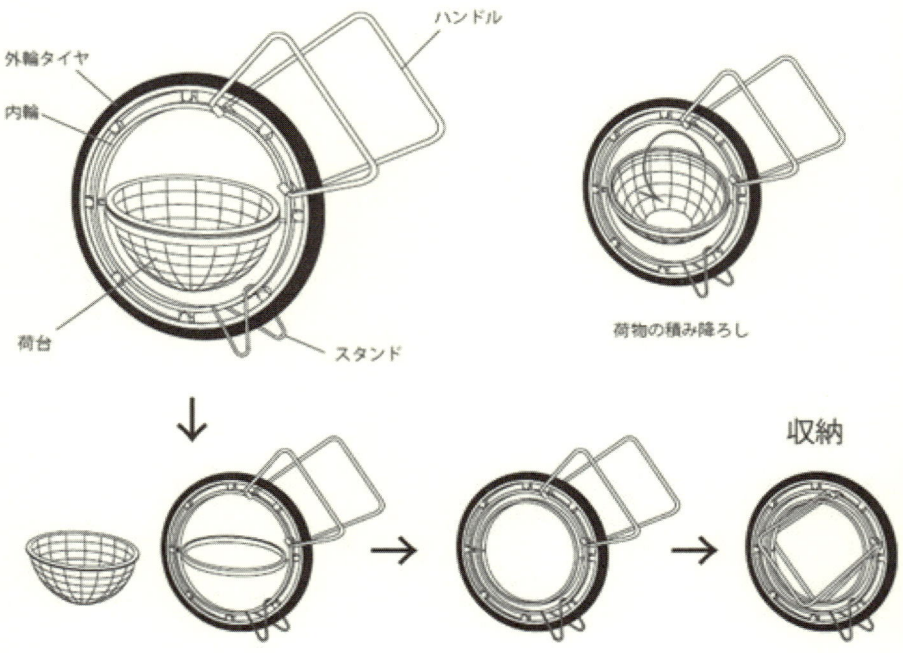

ハンドル

外輪タイヤ

内輪

荷台

スタンド

荷物の積み降ろし

収納

発想法について

　こういったアイデアをうむための、発想法について、よく知られているものを 2 つあげておきます。

①ブレイン・ストーミング法

　アレックス・F・オズボーンによって考案された会議方式のひとつ。ブレインストーミングとは、集団でアイデアを出し合うことによって相互交錯の連鎖反応や発想の誘発を期待する技法である。人数に制限はない。5 〜 7 名、場合によっては 10 名程度が好ましいというやり方もある。議題は予め周知しておく方法と、先入観を与えないようにその場で資料を配布する方法もある。

　ブレインストーミングの過程では、次の 4 原則（ルール）を守ることとされている。

ブレインストーミングの 4 原則

○判断・結論を出さない（結論厳禁）

自由なアイデア抽出を制限するような、批判を含む判断・結論は慎む。判断・結論は、ブレインストーミングの次の段階にゆずる。ただし可能性を広く抽出するための質問や意見ならば、その場で自由にぶつけ合う。たとえば「予算が足りない」と否定するのはこの段階では正しくないが、「予算が足りないがどう対応するのか」と可能性を広げる発言は歓迎される。

○粗野な考えを歓迎する（自由奔放）

誰もが思いつきそうなアイデアよりも、奇抜な考え方やユニークで斬新なアイデアを重視する。新規性のある発明はたいてい最初は笑いものにされることが多く、そういった提案こそを重視すること。

○量を重視する（質より量）

様々な角度から、多くのアイデアを出す。一般的な考え方・アイデアはもちろん、一般的でなく新規性のある考え方・アイデアまであらゆる提案を歓迎する。

○アイディアを結合し発展させる（結合改善）

別々のアイデアをくっつけたり一部を変化させたりすることで、新たなアイデアを生み出していく。他人の意見に便乗することが推奨される。

ウィキペディアより

②チェックリスト法

　ブレイン・ストーミング法と同じ、アレックス・F・オズボーンが開発した。チェックリストの項目を使うことでアイデアが出しやすくなる。

○転用したら？

現在のままの新しい道は？

○応用したら？

似たものはないか？真似は出来ないか？

○変更したら？

意味、色、動き、臭い、形を変えたらどうなる？

○拡大したら？

大きくする、長くする、頻度を増やす、時間を伸ばすとどうなる？

○縮小したら？

小さくする、短くする、軽くする、圧縮する、短時間にするとどうなる？

○代用したら？

代わりになる人や物は？材料、場所を変えられないか？

○置換えしたら？

入れ替えたら？順番を変えたらどうなる？

○逆転したら？

さかさまにしたら？上下左右、役職を逆にしたら？

○統合したら？

合体、混ぜる、あわせたらどうなる？

引用文献…『ヒット商品を生む商品企画７つ道具　よく分る編』

（日科技連）

４. 創造と情報

　アイデアを考えるうえで、最も重要なのは「情報」です。アイデアを考えてきた相談者の方に、説明されるとき従来商品は市場で、どのようなものがありますか、と尋ねますが、「答えられない人」は、自分の考えたものがベストだと思い込んでいます。つまり、従来品と自分のアイデアを比較検討できていないのです。情報収集に手をつけていないということです。

　「答えられる人」は、従来品との比較検討をされて、自分のアイデアについての特徴を説明されます。

　次に質問するのは、どのようにして調べたのですか、と尋ねると「インターネットでの検索」「特許情報プラットホームでの先行技術調査」を行ないましたが、調査した範囲では類似商品や技術が見つからなかったと答えられます。

　特許になるか、ならないかは、市場・特許に「ある」か「ない」かで決まります。ですから、情報収集は大変重要な作業になります。

情報の種類

①１次情報……アイデアを考える自分が、自分の足と耳で集めた情報。

②２次情報……新聞や雑誌等のマスコミ記事から、インターネット等で継続的に得られる情報。

③１．５次情報……専門の情報収集会社に依頼して集めた特定情報で、市場調査会社に頼みます。

　ここで、一番必要な情報は①の１次情報です。その分野の専門技術、一般的な加工技術、市場はどこか、ニーズはあるか等自分が集められる範囲で、情報収集に努めることが求められます。

5.創造性を高めるイメージ

　楽しく、喜んで発明に取り組みましょう。夢と希望を持って取り組むことで、夢が行動をかり立て、希望が努力を持続させます。

　頭を活性化させ、創造力を高める要素の一つに、「切迫感」があります。やらなくてはいけないという、「切迫感」がなければ、やる気や創造力の高まりは弱くなってしまいます。

　自分に「切迫感」を持たせるには自分に「プレッシャー」をかけることです。プレッシャーに負けるとアウトプットも期待できません。自分を崖っぷちの状態に置くことで、能力が発揮できます。

■夢が叶わない人は弱音を吐く

　弱音を吐くの「吐く（はく）」という字は、口にプラス・マイナスです。

　何かを成し遂げる人は、「自分はこうなろう」と目標を口にします。

そうすると、マイナスがなくなって、「叶（かなう）」ものです。

$$（吐）　-　（-）　=　叶$$

問題意識をもって、目標をもち、行動し、人の話をよく聞く（聴く）態度で、他人との差別化が可能になります。

6. 自分を知ることが、創造に取り組む第一歩

人は誰でも、長所と欠点を持っています。それぞれの長所と欠点は何かを、認識することが必要です。多くの人は、なかなか、自分の持ち味が何かを、知ろうとはしません。マイナスはプラスに変えて、プラスを自分の特徴として、前面に出していくことも必要です。

勤めていた時、「気づきの研修」を受けました。他人が、自分をどう見ているのか。それを他人から指摘されて、それをよく「聞く（聴く）」ことによって、自分をさらけ出して、受け入れるか、受け入れないかを考える研修です。

自分自身を直視し、見て下さい。自分自身の姿が自分に、どのように映し出されるかによって、自分をどのような姿に導くことが必要か、考えてみましょう。

夫婦関係が中だるみの方は、互いに見つめなおして、今後の残された人生を有意義に過ごすための活性材にしてはどうでしょうか。そのことで、熟年離婚になっても責任は持ちません。

創造性のまとめ

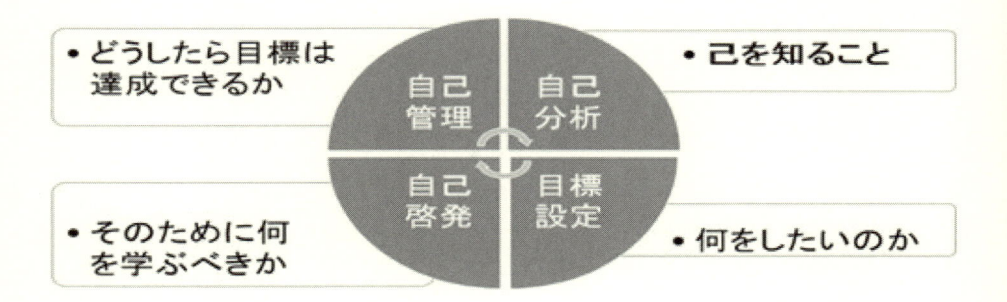

出典…ようこそ創造性の世界 T-15、創造する頭のトレーニング T-16、創造するテクニック T-17、創造を活かす T-18、創造を広げる T-19、創造性を高める T-20（能率大学　発行）

あとがき

　第二の人生の大学での非常勤講師が定年となり、70才にして、知的財産権に携わった経験を生かして、本としてまとめられたことは人生の一区切りであると思います。

　30代の頃、本を出しなさいと諸先輩の方々から、色々アドバイスを頂きましたが、中々筆が進まないのと、日常の仕事に追われ、今日に至ってしまいました。

　特許との出会いは大学3年生の時、特許法を受講した時からです。その当時、工学部で特許法の講義があったのは数少ないとの記憶があります。

　シチズン時計の最初にできた子会社、狭山精密工業株式会社に入社し、最初は腕時計部品を加工する、省力装置の組み立てに従事しました。

　入社後、2年目で特許侵害事件が起こりました。今までは時計部品の歯車、受け部品等の製造が主でしたので、特許とは無縁で特許担当者はもちろんいませんでした。その当時のシチズン時計の方針は、時計以外の比率を高めるために、新規事業の立ち上げを子会社が積極的に取り組むようになりました。

　そこが盲点になり、時計とは無縁のパチンコ産業に入り、還元機（パチンコのアウト玉を賞球タンクに還元する機械）を最初は委託製造していましたが、委託した会社が倒産したため、製造から販売までを手掛けることになってしまいました。

　パチンコ業界の現在はホール数も激減してしまってますが、当時は省力機器の開発が盛んで、特許の塊の業界でした。

　経緯は別にして、新分野に参入する時は、リスク管理の面から

も、特許調査を徹底的に行なわなければいけなかったのですが、後追いのため先行メーカーからの攻撃にあってしまいました。

　特に、当社の親会社が大資本のシチズン時計のため、先行メーカーは中堅企業のため脅威に感じてしまい、死活問題になると思った面もあるのではないでしょうか。

　又、特殊な業界なので純日本メーカーは珍しく、余計に保守的で閉鎖的な業界故の事件でした。結果としては和解となりましたが。この係争事件をきっかけに、特許担当となり今日に至っています。

　当方の代理人は特許訴訟分野では著名な内山弘弁護士、品川澄雄弁護士にお願いしました。この訴訟をきっかけに、品川澄雄先生とのお付き合いがはじまり、新製品に関しては特許問題が生じないように、特許回避等の判断を相談していました。20代後半から品川先生には特許に関して教示をしていただき、勉強させていただき今日に至ったと感謝しております。

　また、シチズン時計で月一回、田倉整弁護士による関連会社の特許担当の研修会が開催され、その参加者の中から数名の弁理士が生まれました、自分は力及ばず弁理士試験へのチャレンジは断念しました。

　訴訟経験は決して自慢なことではありませんが、訴訟担当として地裁から高裁、最高裁の経験をし、知財担当としての幅を広げることができました。

　ある時、特許裁判で入廷した裁判官が、なんと中学・高校が同じの同級生の房村裁判官でした。裁判官時代は桐朋の同窓会には、決して参加はすることがなく、退官後しばらくして同窓会で会って、話をしたことがあります。

　また、業務として狭山市の商工発展のため、市民の発明振興の

ために、「狭山市アイデアクラブ」の立ち上げを狭山市商工課と一体となって行ない、運営にも長年携わってきました。又、発明協会の「狭山市少年少女発明クラブ」の会長としても奉仕させていただいた経験があります。

会社勤めをしながら、色々な発明の団体とのお付き合いが広がり、外部の方との仲間の輪の広がりが出来たのは、自分にとっての人脈作りには役立っています。

特許の世界に入り、人生が大きく変わりました。自分の仕事は常に特許が中核にあり、部署が変わってもその中核の業務にプラスαが加わり、業務の幅が広がっていきました。

人事・総務を担当していても、事業部を担当しても、知財の仕事は離れずついて回っていました。当然、狭山精密工業のグループ会社（１０００人規模の）の知財も見ていたので、渉外・法務の面倒も見ておりました。

このような幅広い業務が担当できたのも、特許業務から段々に知財、法務とテリトリーが広がり経験を蓄積の結果だと思います。

特許の原点は、大学の特許法を受けたことであり、係争事件から特許の実務を学び、狭山市アイデアクラブで市民に発明指導の経験を積み重ねていったことです。

役員を退任してすぐに、ありがたいことに自分の知財の知識と経験を活かして、母校の東洋大学理工学部の学生に教えることができ、大学への恩返しができたことは大変感謝しています。これも、同期の機械工学科神田雄一元教授で元副学長の支援があり実現できたことです。又、授業の担当としては「知的財産権及び演習」を任され、自分の経験を伝えることができました。

現在は、20代の頃から仕事を通じてのお付き合いをしていた発明学会で、発明相談を担当して、年間約５００件の相談を通

じて指導をしております。これも、知財担当や開発業務の経験も
あり、機械加工や金型、治工具にも携わっていたので、アイデア
出しから出願、商品化、契約業務全般を経験しているので、幅広
くアドバイスが出来ます。今後は、一つでもヒット商品となるよ
うなアイデアを育てていきたいと思っています。

《著者略歴》

大浦昌久（おおうら・まさひさ）

昭和２１年　　東京都中野区出身
　　　　　　　桐朋中学・高校卒業
昭和４４年　　東洋大学工学部機械工学科
　　　　　　　精密専攻卒
昭和４４年　　狭山精密工業株式会社へ入社
　　　　　　　（シチズン時計の子会社）
昭和４６年　　パチンコの還元機特許紛争事
　　　　　　　件の訴訟担当
昭和６０年　　調査室室長　特許・法務・
　　　　　　　渉外担当
平成　７年　　総務部長　　人事・総務・特許担当
平成１０年　　ＧＭ事業部事業部長　マイクロ減速機・モータの製造・開発・
　　　　　　　営業・特許担当
平成１３年　　取締役ＧＭ事業部事業部長に就任
平成１７年　　株式会社　コマテック代表取締役社長（兼務）に就任
平成１８年　　取締役ＧＭ事業部・工機事業部統括本部長
平成１９年　　取締役管理統括本部長・知的財産担当役員
平成２０年　　狭山精密工業株式会社からシチズン狭山株式会社に社名変更
平成２０年　　シチズン狭山株式会社　顧問／知財担当に就任
　　　　　　　大浦知財創造コンサルタント事務所を開業
平成２０年　　東洋大学理工学部非常勤講師（知的財産権担当）に就任
　　　　　　　発明学会講師（発明相談担当）に就任
平成２９年　　東洋大学理工学部非常勤講師を定年により退任
　　　　現在　　発明学会講師（発明相談担当）

《外部業務の経歴》

１．産業能率大学添削指導講師　創造性開発を担当
　　　主だった指導企業……高島屋　神戸生協　九電工　郵政公社等
２．狭山市アイデアクラブ会長
（昭和５１年発足当初より狭山市地域の発明・商工振興の指導・啓蒙）
３．ボーイスカウト東京連盟中野５団相談役

《著書》

○夕刊フジ　『ネーミング一刀両断』を連載
○『絶妙のネーミングは金になる』実業之日本社

クレーム図解法を使った特許出願書類作成の極意を教えます
2018 年 1 月 22 日　第 1 刷発行

著　者　　大浦昌久
監修者　　一般社団法人発明学会
発行者　　落合英秋
発行所　　株式会社 日本地域社会研究所
　　　　　〒 167-0043　東京都杉並区上荻 1-25-1
　　　　　TEL　(03)5397-1231(代表)
　　　　　FAX　(03)5397-1237
　　　　　メールアドレス　tps@n-chiken.com
　　　　　ホームページ　http://www.n-chiken.com
　　　　　郵便振替口座　00150-1-41143
印刷所　　モリモト印刷株式会社

———— 日本地域社会研究所の好評図書 ————

スマート経営のすすめ　ベンチャー精神とイノベーションで生き抜く！

野澤宗二郎著…変化とスピードの時代に、これまでのビジネススタイルでは適応できない。成功と失敗のパターンに学び、厳しい市場経済の荒波の中で生き抜くための戦略的経営術を説く！

46判207頁／1630円

みんなのミュージアム　人が集まる博物館・図書館をつくろう

塚原正彦著…未来を拓く知は、時空を超えた夢が集まった博物館と図書館から誕生している。ダーウィン、マルクスという知の巨人を育んだミュージアムの視点から未来のためのプロジェクトを構想した著者渾身の1冊。

46判249頁／1852円

文字絵本　ひらがないろは　普及版

東京学芸大学文字絵本研究会編…文字と色が学べる楽しい絵本！幼児・小学生向き。親や教師、芸術を学ぶ人、帰国子女、日本文化に興味がある外国人などのための本。

A4変型判上製54頁／1800円

ニッポン創生！　まち・ひと・しごと創りの総合戦略

〜一億総活躍社会を切り拓く〜

新井信裕著…経済の担い手である地域人財と中小企業の健全な育成を図り、逆境に耐え、復元力・耐久力のあるレジリエンスコミュニティをつくるために、政界・官公界・労働界・産業界への提言書。

46判384頁／2700円

戦う終活　〜短歌で啖呵〜

三浦清一郎著…老いは戦いである。戦いは残念ながら「負けいくさ」になるだろうが、終活短歌が意味不明の八つ当たりにならないように、晩年の主張や小さな感想を付加した著者会心の1冊！

46判122頁／1360円

レジリエンス経営のすすめ　〜現代を生き抜く、強くしなやかな企業のあり方〜

松田元著…キーワードは「ぶれない軸」と「柔軟性」。管理する経営から脱却し、自主性と柔軟な対応力をもつ "レジリエンス＝強くしなやかな" 企業であるために必要なことは何か。真の「レジリエンス経営」をわかりやすく解説した話題の書！

A5判213頁／2100円

※表示価格はすべて本体価格です。別途、消費税が加算されます。